Christ sein
Was ist das?

Matthias Beck

Christ sein
Was ist das?

Glauben auf den Punkt gebracht

styria premium

Inhalt

Vorwort

Demokratieverdrossenheit, der Austritt der Briten aus der Europäischen Union, Terroranschläge, die Flüchtlingsproblematik, ungerechte Ressourcenverteilung, wirtschaftliche Probleme, Bankenkrisen, Armut, Arbeitslosigkeit, Orientierungsnot, Überforderung vieler Jugendlicher, Fragen der Bildung, Säkularisierungsprozesse und die Integration von Migranten lassen Europa nicht zur Ruhe kommen. Mehr noch, sie stellen den Kontinent und seine Bürger vor die Aufgabe, sich ihrer selbst bewusst zu werden. Gerade das bei vielen Menschen gegenwärtig vorhandene Gefühl der Bedrohung durch den Islam fordert heraus, sich der eigenen Wurzeln zu besinnen. Manche Menschen haben Angst vor einer „Islamisierung" Europas. Andersherum fragen Muslime, was das Christentum eigentlich ist. Vielfach bekommen sie darauf kaum Antworten. Christen wissen oft wenig über ihre eigene Religion.

Es gilt, ein neues Bewusstsein dafür zu entwickeln, aus welcher Tradition heraus die Werte einer freiheitlichen Demokratie gewachsen sind. Es besteht die Gefahr, dass der Europäischen Union das geistige Fundament der errungenen demokratischen Werte langsam abhandenkommt. Die Wirtschaft allein kann diese Grundwerte nicht aufrechterhalten. Auch die Rechtssysteme können dies nur bis zu einem gewissen Grad leisten und eine Wirtschaftsgemeinschaft allein genügt nicht als Grundlage. Zum Erhalten des Errungenen bedarf es eines tieferen Verständnisses der geistigen Hintergründe Europas. „Was du ererbt von deinen Vätern hast, erwirb es, um es zu besitzen",[1] heißt es bei Goethe. Der letzte Grund der Werte muss immer neu erschlossen werden, sonst geht das Erworbene langsam verloren.

Immer mehr Menschen stellen sich die Frage nach einem einheitlichen Wertesystem unseres Kontinents. Gleichzeitig suchen sie über eine allgemeine Ethik hinaus nach persönlicher Orientierung, Lebenssinn und Spiritualität. Orientierungslosigkeit, Unübersichtlichkeit, Pluralismus der Meinungen und die allgemeine Beliebigkeit führen dazu, dass viele wieder nach dem „starken Mann" rufen, der Ordnung schafft.

Das Christentum ist in der Krise, zumindest in Europa. Viele Menschen haben die Kirchen verlassen, nicht wenige sagen, dass es ohne Religionen friedlicher sei, und der Dalai Lama hält Ethik für wichtiger als Religion.[2] Allerdings zitiert er oft die Bergpredigt aus dem Neuen Testament und dort ist von Gewaltverzicht (Mt 5,5) und Feindesliebe (Mt 5,43–48) die Rede. Etliche Menschen wissen gar nicht mehr, was das Christentum ist, und es interessiert sie auch nicht. Kaum jemand erhofft sich Antworten aus dem Christentum für das eigene Leben. Man spricht nicht darüber oder schämt sich, ein Christ zu sein. Und doch sind viele auf der Suche nach Spiritualität und Ethik. Das vorliegende Buch versucht diese Lücke zu schließen, das heißt eine Verbindung zwischen Ethik und christlicher Spiritualität herauszuarbeiten und in kurzen Skizzen darzustellen, was das Christentum in seinem Zentrum darstellt. Es soll für den Alltag taugen und gegenüber der säkularen Welt einen Mehrwert darstellen.

Dieses Buch ist keine wissenschaftliche Abhandlung, sondern der Versuch einer komprimierten Zusammenfassung der wichtigsten Glaubensinhalte des Christentums. Natürlich kann das Buch nicht der ganzen Komplexität des christlichen Glaubens gerecht werden. Aber es will die zentralen Aussagen herausstellen und Anregungen geben, wie der Einzelne weiterdenken und die Inhalte für den Alltag fruchtbar machen kann. Insofern hat es eher eine praktische Ausrichtung.

Jeder Leser hat seine eigenen Erfahrungen mit dem christlichen

Glauben. Den einen interessiert er gar nicht. Der andere mag alles schon kennen und das tiefere Eindringen in die Glaubensinhalte vermissen. Ein Weiterer hat mit der Kirche abgeschlossen, sie ist ihm fremd geworden und hat ihm vielleicht sogar Verletzungen zugefügt. Ein Vierter befindet sich in solch einer Krise, dass ihm das alles zu fern und abgehoben erscheint. Der Nächste fühlt sich vielleicht intellektuell unterfordert. Manch einer wird sagen: Das Buch ist fragmenthaft. Ja, das ist es. Es ist nur eine Bauanleitung, das Haus muss jeder selbst bauen. Der rote Faden ist die Reflexion über das Christentum in seiner Auswirkung auf den Menschen und den Staat. Vielleicht kann der Einzelne im Buch Passagen finden, die ihn ansprechen und seine Sehnsucht wecken. Womöglich kann es helfen, sich einzulassen auf die tiefe und revolutionäre Botschaft des Christentums. Sie ist einfach und klar. Sie ist für jeden Menschen da.

SCHLAGLICHTER

Eine kurze Gegenwartsanalyse

1. Worum geht es?

Wenn über Europa gesprochen wird, geht es immer um die Menschen, die dort leben. Vom Gelingen ihres Lebens hängt auch das Gelingen der Staaten und Kontinente ab. Daher wird im Buch nicht über Politik gesprochen, sondern über das menschliche Leben. Es wird über die innere Befreiung des Menschen gesprochen, über persönliche Selbstwerdung, Reifung durch Lebenskrisen hindurch, das Finden der eigenen Berufung. Es wird aber auch reflektiert über die äußere Freiheit mit den Vorstellungen von Menschenwürde und Menschenrechten. Die innere und äußere Befreiung von Unterdrückung hat wiederum mit dem christlichen Gottes- und Menschenbild zu tun.

Es wird über das Christentum nachgedacht, das mit seinem dreifaltigen Gottesbild Pluralität und Polarität in sich vereinigt. Es zeigt die Freiheit Gottes, die sich im Menschen und in der Gesellschaft als innere und äußere Befreiung erweisen sollte. Es wird ein Christentum beschrieben, das den Menschen zu seinem tiefsten Wesen führen will und damit für das Leben etwas „bringt". Es wird über Grundwerte wie Nächstenliebe und Feindesliebe gesprochen, die auch die Sorge um den Armen, Kranken und Gefangenen beinhaltet. Es wird ein Christentum dargestellt, das aufgrund seines Aufrufs zur Selbstreflexion zur Säkularisierung neigt, das die Errungenschaft der Trennung von Kirche und Staat aufweisen kann und eine gute Grundlage für die moderne Demokratie darstellt.

Ohne diese Grundlagen, die zunächst in jedem Menschen selbst zu legen sind und dann in den Strukturen der Gesellschaft, werden weder die einzelnen Staaten Europas noch Europa als Ganzes auf Dauer zusammenhalten. Die Einheit kommt aus dem Geist, nicht aus der Materie. Aber auch das Christentum selbst braucht eine Vertiefung des Geistes im Sinne einer Re-Spiritualisierung, die dem Menschen den Sinn des Christentums für den Alltag erschließt. Spirituelle und intellektuelle „Nachrüstung“ ist gefordert. Diese Grundlage ist auch notwendig, um mit anderen Religionen ins Gespräch zu kommen. Dazu sollte man die eigenen Grundlagen kennen.

Im ersten Kapitel geht es um eine kurze philosophische Reflexion, aus welchen Quellen sich das Wertesystem Europas speist. Im zweiten großen Kapitel werden zentrale Inhalte des Christentums in seiner menschenprägenden Kraft dargestellt. Schließlich wird in einem dritten Kapitel erläutert, was das Christentum dem Einzelnen für sein konkretes Leben „bringt“ und wie sein Verhältnis zu den Wissenschaften ist. So ist der Weg des Buches ein Dreischritt: Zunächst wird die aktuelle Lage der gewordenen Wertüberzeugungen dargestellt, dann das Thema zu den Grundfragen des Seins vertieft, um von da aus verändert wieder aufzutauchen in den Alltag.

In der heutigen pluralistischen Gesellschaft geht es vor allem um die geistigen Auseinandersetzungen zwischen den Menschen. Wenn die Grundbedürfnisse nach Nahrung, Wohnung und Arbeit einigermaßen gestillt sind, geht es um den geistigen Dialog der Kulturen. Wie sich zeigt, ist Religion keine Privatsache, sondern zum Teil höchst politisch. Menschen werden durch Religionen geprägt und prägen ihrerseits Gesellschaften. Der Frieden zwischen den Menschen und den Religionen kann nur gewahrt werden, wenn Gemeinsamkeiten und Unterschiede der jeweiligen Religionen benannt werden. So ist es notwendig, bereits in den Schulen über unterschiedliche Grundwerte, religiöse Hintergründe sowie Grundstrukturen der Demokratie zu sprechen. Frühzeitig sollten Reflexionsprozesse über Menschenbilder, Gottesbilder, Normen, ethische Tugenden eingeleitet werden. Autoritätsargumente wie „Gott will das so“ oder „Das ist der Wille Allahs“ haben in einer aufgeklärten Gesellschaft keinen Platz. Das theologische Argument muss – soweit möglich – philosophisch durchreflektiert und vernünftig begründet werden.[3]

Für das Christentum waren dazu Einflüsse von außen hilfreich. Im ausgehenden Mittelalter und der beginnenden Renaissance waren es die kosmologischen Entdeckungen des Nikolaus Kopernikus, die eine Hinwendung zum heliozentrischen Weltbild herbeiführten. Dieses besagt, dass die Sonne als Lichtquelle im Mittelpunkt des Sonnensystems steht und nicht die dunkle Erde. Das hat auch theologisch mit der Lehre von Christus als dem Licht der Welt sehr viel mehr Sinn gemacht als jene von der dunklen Erde im Mittelpunkt. Die deutsche Aufklärung appellierte an die Vernunft des Menschen und rief ihn auf, sich aus seiner „selbstverschuldeten Unmündigkeit" zu befreien (Immanuel Kant). Auch das entspricht der Vernunftstruktur des Christentums. Die Französische Revolution, wiewohl sie blutig verlief, trat für Freiheit, Gleichheit und Brüderlichkeit ein. Auch dies sind christliche Werte. Da die Kirche nicht immer ihre eigenen Werte verwirklicht hat, waren Inspirationen von außen für die Fortentwicklung des Christentums von großer Bedeutung.

2. Braucht der Mensch Religion?

Wie eingangs erwähnt, glauben manche Menschen, Ethik sei wichtiger als Religion, da religiöse Überzeugungen oft zu Aggressionen führten. Es wird gesagt, monotheistische Religionen neigten wegen ihres Absolutheitsanspruches zur Gewalt. Umgekehrt ist vermerkt worden, der Mensch brauche Religion, da er sonst mit dem Leben nicht zurechtkomme. Er schaffe sich Götter als Erklärung für das Unerklärliche, die er dann anbeten und gnädig stimmen könne.[4] Hier soll es um etwas anderes gehen, nämlich um die Frage, ob der Mensch nicht „von Haus aus" schon auf das Absolute ausgerichtet ist.

Offensichtlich steht der Mensch als Wesen des Geistes immer schon im Raum des Absoluten. Der Philosoph Georg Wilhelm Friedrich Hegel (1770–1831) hat formuliert, dass der Mensch das Relative überhaupt nur *als relativ* erkennen könne, weil er immer schon im Raum des Absoluten stehe. Stünde er nicht in diesem Raum des Absoluten, könnte er das Relative nicht *als* relativ und das Endliche nicht als endlich erkennen. Dieses Absolute zeigt sich indirekt als „Hintergrund" und Horizont, der in allem ganz still „da" ist. Es ist der Horizont des Seins.

Etwas konkreter: Überall dort, wo der Mensch nach Wahrheit sucht oder die Lüge als Abweichung von der Wahrheit erkennt, hat er eine Ahnung von Wahrheit. Dort, wo er etwas als ungerecht bezeichnet, hat er eine Ahnung von Gerechtigkeit, ohne diese womöglich genau definieren zu können. Wo er Unglück als Unglück wahrnimmt, hat er eine Ahnung von Glück. Er spürt auch, dass in der irdischen Welt in allem ein Zuwenig ist. Er will über die Welt hinauswachsen. Im Sport heißt es: höher, schneller, weiter! Er will auch mehr als das irdische Glück, da dieses immer wieder entschwindet. „Alle Lust will Ewigkeit“, heißt es im „Zarathustra“ von Friedrich Nietzsche (1844–1900). Und Johann Wolfgang von Goethe (1749–1832) lässt seinen „Faust“ ebenfalls nach einer tieferen Erkenntnis streben: „Werd' ich zum Augenblicke sagen: Verweile doch! Du bist so schön! Dann magst du mich in Fesseln schlagen, dann will ich gern zugrunde gehn!“[5]

Die Sehnsucht des Menschen geht über das Endlich-Relative hinaus. „Der Mensch übersteigt unendlich den Menschen“, heißt es bei Blaise Pascal (1623–1662).[6] Selbst der Rauschgiftsüchtige sucht etwas, was sein innerweltliches Erleben übersteigt. Allerdings findet er auf Dauer nicht das Absolute und das Glück, sondern das Endliche und Tötende. In mancher Suche nach dem besonderen „Kick“ steckt eine richtige Sehnsucht nach dem „Mehr“. Wenn aber die falschen Mittel angewendet werden, zeigt sich nicht das Große, sondern der Untergang.

Das Stehen im Raum des Absoluten und die Suche nach dem ganz anderen gehört zum Wesen des Menschen. Es abzuschneiden hieße, ihn nicht in seiner Ganzheit zu erfassen. Dieses Absolute kann es-haft sein wie ein Schicksal, a-personal wie vielfach in Asien, aber auch ganz explizit Du-haft wie in den monotheistischen Religionen. Aus deren Sicht hat das Absolute die Gestalt eines personalen Gegenübers. Dieses nennen die Juden Jahwe, die Christen Gott und die Muslime Allah. Ob es ein und derselbe Gott ist, bleibt zu hinterfragen, zumindest haben die Religionen unterschiedliche *Gottesbilder*.

Wenn es diesen Gott „gibt“, stellt sich die Frage, ob es sich um einen fernen Gott handelt, von dem man sich kein Bild machen und dessen Namen man nicht nennen darf, oder um einen nahen Gott, der mit dem Menschen nahezu auf Augenhöhe kommunizieren will. Ist es ein jenseitiger Gott, dem man sich blind unterwerfen muss, ohne ihn zu kennen, oder ist es ein gütiger, liebender und barmherziger Gott, den der Mensch kennenlernen kann? Ist er ein strenger Richter, der den Menschen beobachtet, klein macht und aburteilt, oder ein Gott, der den Menschen groß machen und zum Leben verhelfen will. Wenn der Mensch sich auf diesen Gott einlassen will, sollte er ungefähr wissen, welche „Eigenschaften“ er hat. Bevor auf diese Fragen eingegangen wird, sollen zunächst einige philosophische Fragen zum Leben beantwortet werden.

3. Die „Werte" Europas

Europa hat sich durch eine lange Geschichte hindurch mit Kaiser- und Königreichen, mit Diktaturen und Kriegen, mit Vernichtung und Neuaufbau langsam durchgekämpft zu einigermaßen stabilen Demokratien, die allerdings in Osteuropa noch relativ jung sind und erst seit 1989 anfangen zu wachsen. Allerdings sind in manchen Teilen (zum Beispiel in der ehemaligen DDR) infolge des Kommunismus keine christlichen Grundwerte vermittelt worden. Der Wertekanon der europäischen Demokratien beruht meist auf den Vorstellungen der Menschenwürde und den daraus abgeleiteten Menschenrechten, der Gewaltenteilung im Staat mit Legislative, Exekutive und Judikative, der Presse- und Meinungsfreiheit, Gewissensfreiheit, Religionsfreiheit, Wahlfreiheit, dem Demonstrationsrecht. Auch die Werte der katholischen Soziallehre wie Personalität, Solidarität und Subsidiarität finden Berücksichtigung, ebenfalls jene von der Gleichberechtigung von Mann und Frau, der Trennung von Kirche und Staat sowie die Verpflichtung zur Hilfeleistung und zur Unterstützung der Armen, Kranken, Gefangenen. Viele von diesen Werten gehen auf christliche Grundüberzeugungen zurück.

Was ist Ethik?

Alle Menschen haben durch ihre Eltern, ihre Kultur und ihre Umgebung eine bestimmte Moral gelernt. Man schlägt einander nicht ins Gesicht, man sagt „Guten Tag" und geht fair miteinander um. „Was du nicht willst, das man dir tu, das füg' auch keinem anderen zu", lautet die sogenannte „Goldene Regel", die in vielen Kulturen

Geltung hat. So gibt es für den Alltag Verhaltensregeln. Über diese Handlungsweisen kann man nachdenken und fragen, warum wir so handeln und nicht anders. Die Ethik ist der philosophisch-theologische Bereich, in dem darüber nachgedacht wird. Ethik ist die wissenschaftliche Reflexion auf gelebte Moral, so eine Kurzdefinition.

In jeder Ethik steckt eine bestimmte Auffassung vom Menschen. Wenn von Menschenwürde und der Gleichheit aller Menschen die Rede ist, hängt dies mit einem bestimmten Menschenbild zusammen. Wenn von Nächstenliebe oder Feindesliebe gesprochen wird und davon, auch dem Armen, Bedürftigen und in Not Geratenen zu helfen – unabhängig von Herkunft, Geschlecht oder Alter –, hat dies ebenfalls mit einem bestimmten Menschenbild zu tun. Auch der von Immanuel Kant (1724–1804) entwickelte „kategorische Imperativ" mit dem Begriff der Menschenwürde hat ein solches Menschenbild im Hintergrund. Kant war der Meinung, dass eine Ethik universal gültig sein müsse und nicht haltmachen dürfe bei der eigenen Bevölkerung, Nationalität oder Religion.

Vor allem zwei Begriffe sind im Kontext von Ethik bedeutsam: *Ethos* und *Aethos*. *Ethos* ist die Sitte und bezeichnet eher das, was Gesellschaften betrifft und durch Normen sowie Gesetze zu regeln ist. *Aethos* wiederum meint den Charakter des Menschen. Hier geht es um innere Haltungen. Der Charakter bildet sich durch das tägliche Handeln: „Es bildet ein Talent sich in der Stille, ein Charakter sich im Strom der Welt",[7] heißt es bei Goethe. Ein gerechter Mensch wird man, indem man immer wieder gerecht handelt, hat schon Aristoteles (384–322 v. Chr.) sinngemäß formuliert. Diese inneren Haltungen werden auch als Tugenden bezeichnet. Tugend ist ein etwas veraltetes Wort, es hat mit Tauglichkeit zu tun. Ethik soll für das eigene Leben taugen, aber auch für das der anderen und der Gemeinschaft. Ethik ist für den Menschen da, damit sein Leben gelingt, aber auch für Gesellschaften, damit sie funktionieren. So gibt es philosophische Ethiken, die rein mit der Vernunft erarbeitet werden können, und theologische Ethiken, die religiöse Hintergründe mitberücksichtigen.

Ethik vollzieht sich im Alltag. Die Entscheidung, dieses Buch zu lesen, ist auch eine ethische Entscheidung. Wenn ein Anruf käme, dass ein geliebter Mensch im Sterben läge, würde wahrscheinlich jeder das Buch beiseitelegen und dorthin eilen. Wenn etwas Wichtigeres an die Stelle tritt, wird eine neue Entscheidung getroffen. Ethik hat mit Güterabwägungen und Entscheidungen zu tun. Auch Lesen und Schreiben zu lernen ist eine ethische Entscheidung. Ohne dieses Vermögen kann man nur wenige Berufe ergreifen und verliert an Wahlmöglichkeiten.

Der Mensch muss sich ständig entscheiden und dafür braucht er Kriterien. Dieses Entscheiden-Müssen hat Jean-Paul Sartre (1905–1980) zu der Einsicht gebracht, dass der Mensch zur Freiheit verdammt sei. Er hat zur Freiheit selbst keine Wahl, er muss immer wieder neu entscheiden. Auch wenn er nicht entscheidet, entscheidet er. Woran soll der Einzelne sich dabei orientieren? An anderen Menschen, an der eigenen Intuition, an der Religion, an einer säkularen Ethik? Das immer wieder neue Finden einer guten und richtigen Entscheidung ist ein zentraler Punkt für ein gelingendes Leben.

Die erste ethische Entscheidung, die unser Leben betrifft, haben andere für uns getroffen: Die Eltern haben uns gezeugt. Keiner ist gefragt worden, ob er leben will. Der Philosoph Martin Heidegger (1889–1976) hat es so formuliert, dass der Mensch ein ins Leben Hineingeworfener sei. Religiöse Menschen würden eher sagen, dass das Leben ein Geschenk Gottes ist. Aber viele können mit dieser Formulierung nichts mehr anfangen. So kommt der Mensch fremdbestimmt auf die Welt und muss sich dann immer mehr zum eigenen einmaligen Leben durchringen. Er sucht nach der Schule nach einer richtigen Ausbildung, einem guten Beruf, einer eigenen Familie. Manchen Menschen genügen diese Lebensinhalte, andere fragen tiefer nach dem Sinn des eigenen Lebens und nach dem Weg zum Glück. Aristoteles ist dieser Frage nach dem Glück in seiner „Nikomachischen Ethik“ nachgegangen. Er fragt darin, wonach Menschen im Tiefsten ihres Herzens streben, und kommt zu dem Ergebnis, dass sie glücklich werden wollen. Was aber heißt das? Wie findet der Einzelne den Weg zum Glück?

Die Frage nach dem Glück

Jeder Mensch muss täglich Entscheidungen treffen. Dazu braucht er Kriterien, äußere Normen und innere Haltungen. Den inneren Haltungen hat sich Aristoteles zugewendet. Er entwickelte seine „Nikomachische Ethik“ in einer Krisenzeit des Staates. Krise kommt vom Griechischen *krinein* und bedeutet „unterscheiden/entscheiden“. Der Mensch muss unterscheiden lernen, was zu tun ist.

Wenn Aristoteles – wie erwähnt – der Meinung war, dass Menschen glücklich werden wollen, und niemand will, dass sein Leben misslingt, stellt sich die Frage, wie der Weg dorthin zu finden ist. Glück kann man nicht machen, Glück stellt sich ein. Einen schwachen Stern kann man nur sehen, wenn man ihn nicht direkt fixiert. So kann man auch das Glück nicht direkt anzielen. Es stellt sich ein, wenn man „richtig“ lebt. Was aber ist das richtige Leben? Das griechische Wort für Glück heißt *Eudaimonia. Eu* heißt „gut“ und *daimon* ist der Geist. Also frei übersetzt: Das Glück findet der Mensch, wenn er dem guten Geist folgt. Was aber ist dieser gute Geist? Aristoteles gibt darauf eine erste Antwort: Glück kann sich einstellen, wenn der Mensch tugendhaft lebt. Tugenden sind tauglich zur Lebensbewältigung. Der Mensch auf dem Weg zum Glück soll vier Tugenden verwirklichen: Klugheit, Gerechtigkeit, Tapferkeit, Maß.

Klugheit heißt zunächst, dass der Mensch all das, was er tut und entscheidet, im Blick auf das Ende bedenken soll: *quidquid agis prudenter agas et respice finem*[8] (Was immer du tust, tue es klug und bedenke das Ende). Selbst wenn man den Lauf der Dinge nicht voraussehen kann, gibt es doch Kriterien für kluge Entscheidungen. Gerade im Bereich der Politik und der Wirtschaft besteht die Gefahr, zu kurzfristig zu denken. Der Kluge denkt langfristig. Ein kleiner Gedankenfehler am Anfang kann zu einer Katastrophe am Ende führen, so hat es Thomas von Aquin (um 1225–1274) sinngemäß formuliert.

Ignatius von Loyola (1491–1556) hat dazu im ausgehenden Mittelalter eine wichtige Entscheidungsformel entwickelt. Wenn du heute eine wichtige Entscheidung zu treffen hast, dann versetze dich in die Stunde deines Todes und überlege, wie du aus der Perspektive des Lebensendes die heutige Entscheidung hättest treffen wollen. „Als wäre ich in der Todesstunde, bedenke ich die Form und das Maß, das ich dann hinsichtlich der jetzigen Wahl wünschte eingehalten zu haben; und danach richte ich mich und treffe im Ganzen meine Entscheidung.“[9] Dahinter steht ein bestimmtes Menschenbild, dass jeder Mensch einmal Rechenschaft ablegen muss über sein Leben. Der Mensch weiß zwar nicht, was in den nächsten zehn Minuten geschieht, aber es gibt doch Anhaltspunkte, in welche Richtung sich das Leben entwickeln sollte. Dazu ein Beispiel: Wenn jemand immer nur viel Geld verdienen will, aber dabei seine menschlichen Beziehungen ruiniert, ist das langfristig nicht segensreich. Spätestens auf dem Sterbebett kommen all diese Fragen hoch und es fragt sich, was am Ende bleibt. Untersuchungen sagen: vor allem gute menschliche Beziehungen. Man könnte auch sagen: Am Ende bleibt nur die Liebe. So schaut der Kluge auf das Ganze.

Die *Gerechtigkeit* hat mehrere Aspekte: Es geht zum einen um eine Sachgerechtigkeit, die sich auf die angemessene Kenntnis dessen bezieht, was zu bearbeiten ist. Der Mensch muss mit seinen Entscheidungen dem Sachstand gerecht werden. Dann gibt es die Tauschgerechtigkeit, die darauf abzielt, faire Geschäfte zu tätigen und den anderen nicht zu übervorteilen. Hinzu kommt die Verteilungsgerechtigkeit, welche eine gerechte Verteilung endlicher Güter im Auge hat. Schließlich gibt es eine personenbezogene Gerechtigkeit, die darin besteht, dem einzelnen Menschen in seiner jeweiligen Situation gerecht zu werden. Man soll in dem Sinne „jedem das Seine" geben, *suum cuique*. Dabei ist Gleiches gleich und Ungleiches ungleich zu behandeln.

Alle Menschen haben dieselbe Menschenwürde und sind von daher auch vor dem Gesetz gleich, und doch ist ein Kind anders zu behandeln als ein Erwachsener. Außerdem sind bei ähnlichen Biografien die Umstände einer konkreten Situation unterschiedlich. Deshalb gilt es oft um der größeren Gerechtigkeit willen besondere Einzelfallentscheidungen zu treffen. Dies nennt die Tradition von Aristoteles her *Epikie*. Außerdem hat Gerechtigkeit immer mit Barmherzigkeit und Vergebung zu tun. Barmherzigkeit ist eigentlich eine göttliche Eigenschaft, die dem Menschen vergebend entgegenkommt, aber der Mensch sollte diese göttliche Barmherzigkeit auch an den anderen weitergeben: „Vergib uns unsere Schuld, wie auch wir vergeben unseren Schuldigern", heißt es im großen christlichen Gebet, dem Vaterunser. Allerdings ist zwischen Gerechtigkeit und Barmherzigkeit die rechte Mitte zu finden: „Gerechtigkeit ohne Barmherzigkeit ist Grausamkeit; Barmherzigkeit ohne Gerechtigkeit ist die Mutter der Auflösung"[10] – auch von Strukturen, so hat es Thomas von Aquin formuliert.

Die beiden letzten aristotelischen Tugenden von *Tapferkeit* und *Maß* können zusammen gesehen werden. Maß heißt nicht Mittelmaß, sondern Maß bedeutet, die rechte Mitte zwischen zwei Extremen zu finden. Aristoteles macht dies fest am Begriff der Tapferkeit. Tapferkeit ist die rechte Mitte zwischen dem Handeln des feigen Soldaten, der im Straßengraben liegen bleibt und sich nicht heraustraut, und dem Tollkühnen, der blind ins Feld rennt. Das rechte Maß der Mitte ist die Feigheit, etwas zu überwinden und doch nicht blind ins Feld zu rennen, sondern klug zu entscheiden. Diese Mitte ist nicht nur die Mitte zwischen zwei Extremen, sondern im Maße, in dem der Mensch diese Mitte lebt, findet er auch seine eigene.

Das Gegenteil dieser Tugenden sind die sogenannten Laster, die schon im vierten Jahrhundert von Evagrius Ponticus (345–399) zusammengefasst worden sind. Sie sind für viele Fehlentwicklungen verantwortlich. Es sind dies Hochmut (Eitelkeit, Stolz, Übermut), Geiz (Habgier), Wollust (Ausschweifung, Genusssucht), Zorn (Rachsucht, Vergeltung, Wut), Völlerei (Gefräßigkeit, Maßlosigkeit, Selbstsucht), Neid (Eifersucht, Missgunst) und *Acedia* (Faulheit, Feigheit, Ignoranz, Trägheit des Herzens). Dieser Lasterkatalog liefert den Hintergrund für die sieben Wurzelsünden (oft fälschlich als „sieben Todsünden“ bezeichnet), weil in ihnen die Abkoppelung des Menschen von Gott zum Ausdruck kommt und sie die Wurzel für viele andere Sünden in sich bergen. Ein Großteil des Fehlverhaltens von Menschen hat Maßlosigkeit zum Hintergrund. Vor allem aber stellen der Stolz, die Rachsucht und Vergeltung sowie der Verlust an geistiger Spannkraft und innere Erschlaffung *(Acedia)* eine große Gefahr für den Menschen dar.

Dies ist ein erster philosophischer Zugang zur Frage, was Menschen im Tiefsten suchen und wie innere Haltungen auf dem Weg zum Glück helfen können. Es wird zu zeigen sein, dass das Christentum über diese Tugenden hinausgeht. Thomas von Aquin knüpft im Mittelalter an der aristotelischen Tugendethik an und erweitert diese um die christlichen Tugenden von Glaube, Hoffnung und Liebe. Glauben heißt dabei Vertrauen finden in den tragenden Grund des Lebens. Hoffnung bedeutet, über die Endlichkeit des Lebens hinauszublicken und darauf zu vertrauen, dass das

Leben nicht im Nichts endet. Liebe meint die Liebe zu sich selbst, zum Nächsten, zu Gott.

Ebenfalls im Übergang vom vierten zum fünften Jahrhundert hat Augustinus (354–430) über den freien Willen und über die Herkunft des Bösen nachgedacht: Der Mensch ist frei, sonst wäre jedes Lob für einen Schüler sinnlos[11] und das Böse kommt seiner Meinung nach aus dem Menschen selbst, lässt man den Engelsturz einmal beiseite. Pico della Mirandola (1463–1494) wiederum nimmt im ausgehenden Mittelalter den freien Willen des Menschen als Zugang zur Beschreibung der Menschenwürde. Schließlich ist es Immanuel Kant, der im ausgehenden achtzehnten Jahrhundert den Begriff der Menschenwürde genauer entwickelt. Die Menschenwürde wird zum zentralen ethischen Argumentationspunkt für die Menschenrechte und vieler Rechtssysteme. Der Einzelne steht im Mittelpunkt, ganz im Unterschied zu der sich in England am Beginn des neunzehnten Jahrhunderts unter der Federführung von Jeremy Bentham (1748–1832) und John Stuart Mill (1806–1873) entwickelnden Ethikrichtung, die als Utilitarismus bezeichnet wird. Sie fragt nach dem größten Nutzen für die größte Zahl. Das klingt verlockend, lässt aber den Einzelnen weitgehend außer Acht. Gegenwärtig wird über eine Diskursethik von Jürgen Habermas (geb. 1929) gesprochen, die für einen herrschaftsfreien Diskurs eintritt. Ein solch herrschaftsfreier Diskurs auf Augenhöhe sollte auch zwischen den Religionen möglich werden. Darüber hinaus haben sich Bereichsethiken wie Medizinethik, Wirtschaftsethik, Medienethik, politische Ethik herausgebildet.

Zum Begriff der Menschenwürde

Den Begriff der Menschenwürde kann man auf die Stoa und das jüdische Denken zurückführen, aber auch im Römischen Reich kommt er bei Cicero (106–43 v. Chr.) vor. Dort galt, dass der Mensch sich diese Würde durch ein bestimmtes Amt oder gutes Verhalten verdienen kann. Er konnte diese Würde erlangen, aber auch wieder verlieren, sie war abstufbar. Neben dieser römischen Tradition kommen aus der religiösen Dimension des Judentums Aussagen über den Menschen als Ebenbild Gottes, und bei Paulus heißt es, dass vor Gott alle Menschen gleich sind. „Es gibt nicht mehr Juden und Griechen, nicht Sklaven und Freie, nicht Mann und Frau; denn ihr alle seid ‚einer' in Christus Jesus" (Gal 3,28). Die hier beschriebene Gleichheit aller Menschen war für Römer und Griechen so nicht gegeben. „Im Mittelpunkt des antiken Denkens fanden wir die Annahme von der natürlichen Ungleichheit."[12]

Wie erwähnt wird im ausgehenden Mittelalter die Würde des Menschen an seinem freien Willen festgemacht, und schließlich ist es Immanuel Kant, der den Begriff der Würde im Unterschied zum Wert herausarbeitet. Dinge haben ihren Wert und ihren Preis, sie werden Sachen genannt, Vernunftwesen aber, die Personen genannt werden, haben Würde. Sie fallen aus der Wertkategorie heraus. „Im Reiche der Zwecke hat alles entweder einen *Preis* oder eine *Würde.* Was einen Preis hat, an dessen Stelle kann auch etwas anderes als *Äquivalent* gesetzt werden; was dagegen über allen Preis erhaben ist, mithin kein Äquivalent verstattet, das hat eine Würde."[13]

Ein Glas, das einen Euro kostet und zu Boden fällt, kann durch ein anderes Glas ersetzt werden. Wenn aber ein Kind vom Wickeltisch fällt und stirbt, wäre es zynisch, den Eltern zu sagen: Ihr könnt ja ein neues Kind zeugen. Der Mensch hat keinen Preis und in diesem Sinn keinen Wert, er ist über jeden Preis erhaben, er hat Würde. Er ist einmalig und unersetzbar, er ist nicht ver-wert-bar und nicht be-wert-bar. Dinge und vernunftlose Wesen haben „nur einen relativen Wert, als Mittel, und heißen daher *Sachen,* dagegen vernünftige Wesen *Personen* genannt werden, weil ihre Natur sie schon als Zwecke an sich selbst"[14] achtet. Personen sollen also *um ihrer selbst willen* geachtet werden. „Handle so, dass du die Menschheit, sowohl in deiner Person, als in der Person eines jeden anderen, jederzeit zugleich als Zweck, niemals bloß als Mittel gebrauchst."[15] Diese sogenannte „Selbstzwecklichkeitsformel" Kants bedeutet, dass der Mensch nicht für andere Zwecke missbraucht werden darf, als um seiner selbst willen geachtet zu werden. Man spricht vom Verbot der Totalverzweckung. Diese vollständige Verzweckung wäre gegeben, wenn ein Mensch nur dafür gezeugt würde, um ihm später alle Organe zur Transplantation zu entnehmen. Das wäre eine Totalverzweckung und widerspräche der Würde des Menschen. Dem Begriff der Würde ist der Begriff der Person an die Seite gestellt. Der Personbegriff stammt auch aus dem Römischen Reich. Im Lateinischen von *personare* abgeleitet, meint er die Maske des Schauspielers, durch die die Stimme des Schauspielers hindurchtönt *(per-sonare)*. In Bezug auf den Menschen könnte man sagen, dass durch ihn eine andere (göttliche) Stimme hindurchtönen soll.

Beide Begriffe der Würde und der Person zusammengenommen sagen etwas über die Hochschätzung des Individuums aus, das nicht verzweckt und nicht aufgrund seiner Herkunft, Geschlecht, Alter diskriminiert werden darf. Diese Auffassung von der Menschenwürde, die jedem Menschen *aus sich heraus* zukommt und ihm nicht von außen zugeschrieben oder aberkannt werden kann, liegt vielen Gesetzen moderner Staaten zugrunde.

So lautet zum Beispiel Artikel 1 des Deutschen Grundgesetzes (und etwas anders in der Charta der Grundrechte der Europäischen Union): „Die Würde des Menschen ist unantastbar. Sie zu achten und zu schützen ist Verpflichtung aller staatlichen Gewalt" (Art. 1 GG), und der zweite Artikel, der daraus folgt, lautet: „Jeder hat das Recht auf Leben und körperliche Unversehrtheit. Die Freiheit der Person ist unverletzlich" (Art. 2 GG). Der erste Artikel des

Deutschen Grundgesetzes beinhaltet eine Selbstbeschränkung des Staates. Er hat sich selbst auferlegt, niemals mehr so tief und vernichtend in die menschliche Intimsphäre einzugreifen, wie es zum Beispiel im Nationalsozialismus geschehen ist. Folgerichtig ist im Artikel 2 das Recht auf Leben und körperliche sowie in der Grundrechte-Charta auf geistige Unversehrtheit festgehalten. Ging es bei den Tugenden des Aristoteles um die innere Haltung des Menschen, geht es bei Kant und der Menschenwürde darum, etwas „Absolutes“ im Menschen festzumachen, das ihm niemals genommen werden kann. Daher kann auch der Artikel über die Menschenwürde im Deutschen Grundgesetz selbst mit hundertprozentiger Mehrheit des Deutschen Bundestages nicht aufgehoben werden. Er hat „Ewigkeitscharakter“. Daher wird der Artikel 79, Abs. 3, des Deutschen Grundgesetzes auch als „Ewigkeitsklausel“ bezeichnet. Eine Änderung dieses Artikels 1 ist unzulässig.[16]

4. Judentum und Christentum

Bis hierher wurde die Herleitung des Begriffes der Menschenwürde vornehmlich philosophisch dargestellt. Dabei zeigte sich aber, dass im Hintergrund auch die Vorstellungen des Judentums von der Gottebenbildlichkeit des Menschen sowie der christlichen Auffassung von der Gleichheit aller Menschen eine Rolle spielten. Auch das christliche Gebot von der Nächsten- und Feindesliebe kommt im Kant'schen Begriff von der Achtung des Menschen *um seiner selbst willen* zum Ausdruck.

Im Folgenden soll nun dieser Hintergrund des Judentums noch einmal aus einer anderen Perspektive betrachtet werden, um dann überzuleiten zu den zentralen Aussagen des Christentums. Denn das Christentum ist ohne das Judentum nicht verstehbar. Etwa 1500 Jahre vor Christi Geburt findet ein interessanter Umbruch in der Weltgeschichte statt. Aus einem Vielgötterglauben, der auch in Israel herrschte, entwickelt sich langsam ein Ein-Gott-Glauben. Schon im Hinduismus und später in der griechischen Philosophie gab es einen solchen Vielgötterhimmel, von dem Feuerbach vermutlich sagen würde, dass diese Götter Projektionen des Menschen seien. So zeigt es sich auch in der Erfahrung des Volkes Israel. Sie spüren, dass die vielen Götter, die es auch in ihrer damaligen Glaubenswelt gab, eigentlich keine Kraft und Macht haben. Jetzt aber erfahren sie etwas ganz anderes, nämlich das machtvolle Wirken des einen Gottes, den sie *Jahwe* nennen. Sein Name darf nicht ausgesprochen werden und sie dürfen sich kein Bild von ihm machen. Aber er erweist sich als ein wirkmächtiger Gott. Er kann etwas. Er befreit das Volk Israel aus der Knechtschaft Ägyptens. Mit starker Hand führt er das Volk aus der Unterdrückung Ägyptens heraus in die Freiheit.

So erlebt das Volk das mächtige Wirken Jahwes. Diese Erfahrungen werden aufgeschrieben in den Texten der fünf Bücher Mose und anderer Schriften. Diese Schriften, die über einen Zeitraum von achthundert Jahren entstanden sind, nennen die Christen das „Alte Testament". Für viele Juden ist diese Bezeichnung nicht zutreffend, da es für sie kein „Neues Testament" gibt. Sie warten bis heute auf das Kommen des Messias. Wenn er noch nicht da war, gibt es auch kein „Neues Testament". Denn dort sind die Berichte über Jesus Christus, von dem die Christen glauben, dass er der Messias sei, aufgeschrieben.

Das Volk Israel erfährt also seinen Gott als jemanden, der zum Volk spricht und an ihm handelt. Er zeigt sich dem Moses in der Wüste. Moses sieht einen Dornbusch brennen, der nicht verbrennt. Er weiß nicht, was das bedeutet. Dann hört er eine Stimme, die spricht: „Ich bin der Gott deines Vaters, der Gott Abrahams, der Gott Isaaks und der Gott Jakobs" (Ex 3,6), und dann später: „Ich habe die Klage meines Volkes gehört, ich will sie der Hand der Ägypter entreißen" (Ex 3,8). Auf die Frage des Mose, wie er denn heiße, sagt er: „Ich bin der Ich-bin-da" (Ex 3,14). Hier beginnt die sogenannte Selbstoffenbarung Gottes. Gott sagt etwas über sich selbst aus, frei interpretiert: Ja, es gibt mich. Ich bin da, ich bin für euch da (Ex 3,14). Er bestätigt, dass die Suche des Menschen nach dem letzten Grund allen Seins nicht sinnlos ist. Die Selbstoffenbarung Jahwes beginnt mit einer philosophischen Antwort auf die Frage des Menschen nach seiner Existenz. Er ist da, er tritt aus seiner Verborgenheit ans Licht, er spricht und handelt befreiend am Volk. So beginnt die Befreiungsgeschichte des Volkes Israel.

Für den Menschen bedeutet das, dass seine Suche nach dem ganz Anderen und Absoluten nicht ins Leere läuft. Anders gesagt: Das Absolute erweist sich als ein personales Gegenüber, dem der Mensch vertrauen kann. Allerdings „gibt" es diesen Gott nicht so, wie es Menschen und Dinge gibt. Jahwe ist der „ganz Andere" und der ferne Gott, von dem der Mensch sich kein Bild machen soll und dessen Name niemand aussprechen darf. „Einen Gott, den ‚es gibt', gibt es nicht",[17] hat Dietrich Bonhoeffer (1906–1945) formuliert. Gott ist anders, er erscheint indirekt in dieser Welt, niemand hat Gott je gesehen, seine Macht ist groß. Wer Gott sieht, stirbt, heißt es im Alten Testament. „Du kannst mein Angesicht nicht sehen; denn kein Mensch kann mich sehen und am Leben bleiben" (Ex 33,20).

Möglicherweise war der Mensch erst in dieser weltgeschichtlichen Zeit in der Lage, überhaupt mit diesem mächtigen Gott in eine personale Beziehung zu treten. Er musste sich erst auf diese Begegnung hin entwickeln. Aber sehen durfte er ihn nicht. Offensichtlich ist die Macht Gottes, der diesen riesigen Kosmos geschaffen hat, zu groß, als dass der Mensch seine Nähe aushalten könnte. Hier spürt man, welche kosmischen Dimensionen im Spiel sind. Der griechische Begriff *Ho Antropos* für „Mensch" deutet in eine ähnliche Richtung. Frei übersetzt bedeutet er: Der Mensch ist das Wesen, das schaut und staunt. Er steht aufrecht, schaut in den Himmel, sieht die Sterne und staunt über die Größe des Kosmos. Immanuel Kant hat es in seiner „Kritik der praktischen Vernunft" sinngemäß so ausgedrückt: Was mich am meisten mit Ehrfurcht erfüllt, ist der gestirnte Himmel über mir und das moralische Gesetz in mir. Diese gewaltige und zugleich stille Kraft des Kosmos deutet auf den Gott hin, der sich dem Menschen zuwendet. Dies geschieht zunächst aus der Ferne. Niemand hat Gott je gesehen, der Mensch soll sich kein Bild von ihm machen und nicht in seine kleine menschliche Vorstellungswelt pressen. Gott ist anders und größer. Das gilt bis heute.

Das Alte Testament ist ein Erfahrungsbericht von Menschen, die das Wirken Gottes im konkreten Leben erlebt haben. Es ist auch ein Bericht über die Vorstellung des Menschen von der Erschaffung der Welt, von der Entstehung des Menschen und seinem Abfall von

Gott. Menschen berichten, inspiriert vom göttlichen Geist, wie sie glauben, dass Gott die Welt aus dem Nichts geschaffen hat und aus dem Chaos Ordnung werden ließ. *Tohuwabohu* ist das hebräische Wort für Chaos. Aus dem Chaos wird Kosmos.

Der göttliche Geist schafft die Welt so, dass Ordnung herrscht im gesamten Weltall, in der Natur, im Menschen. Der Mensch kann diese Ordnung schrittweise entziffern lernen. Er findet Naturgesetze und kann mithilfe der Kosmologie, der Naturwissenschaften und vielen anderen Zugängen immer besser verstehen, wie der Kosmos, die Natur, die Lebewesen, die Menschen „funktionieren". Naturwissenschaftlich gesprochen meint diese Ordnung keine starre Ordnung einer mechanischen Maschine, sondern die dynamische Ordnung des Lebendigen, das auch das Chaos und den Zufall kennt. Es braucht die Ordnung der Planetenbahnen und jene des Organismus, aber auch die Flexibilität des Zufalls. Ohne Ordnung gäbe es keinen Zufall. Wenn alles Zufall wäre, gäbe es den Zufall nicht und die Welt würde kollabieren. Ordnung und Zufall gehören zusammen, sie ermöglichen „Freiheitsgrade".

Auf der Seite der Theologie geht es um die Reflexion der Selbstoffenbarung des Schöpfergottes, der die Welt – womöglich mit dem Urknall – ins Sein gebracht hat. Es geht um die Beschreibung seines befreienden Handelns und um die Übergabe der Zehn Gebote. Sie sind dazu da, dem Menschen zu helfen, seine erlangte Freiheit nicht wieder zu verlieren. Der Normenkatalog der Zehn Gebote dient der Freiheit. In der Präambel zu den Zehn Geboten heißt es: „Ich bin Jahwe, Dein Gott, der Dich aus Ägypten geführt hat, aus dem Sklavenhaus" (Ex 20,2). Schon im Volk Israel wird klar, dass das Volk Gefahr läuft, aus der Freiheit wieder in die alte Knechtschaft und Unfreiheit zurückzufallen. Diese Unfreiheit des Menschen hatte in der Paradiesgeschichte mit der Abwendung des Menschen von Gott begonnen. Vertreibung aus dem Paradies, Brudermord, Gewalt, Sintflut waren die Folgen dieser Abkoppelung.

Jetzt wird von Gott her ein neuer Anfang gemacht zur äußeren Befreiung des Volkes. Dieses befreiende Handeln Gottes wird fortgesetzt und vertieft im Neuen Testament mit der inneren Befreiung jedes einzelnen Menschen.

Die Normen der Zehn Gebote dienen der Freiheit, so wie die Tugenden des Aristoteles dem Glück dienten. Beide Zugänge werden im Neuen Testament vertieft: die aristotelischen Tugenden hin zu den christlichen Tugenden von Glaube, Hoffnung und Liebe und die äußere Freiheit hin zur Befreiung des inneren Menschen, der zu sich selbst befreit werden soll. Die Normen des Gesetzes werden zur „Norm" der Liebe, in der alles zusammengefasst ist.

Im Fortgang des Buches wird nicht einfach erklärt, was die Tugenden von Glaube, Hoffnung und Liebe bedeuten, sondern es werden in einem ersten Schritt die allgemeinen Glaubensinhalte in ihren wesentlichen Punkten dargestellt, um von dort aus zum persönlichen Glaubensvollzug überzugehen. Der inhaltlich bestimmbare und persönlich zu lebende Glauben führt als Hoffnung über den Tod hinaus und offenbart in allem die göttliche und menschliche Liebe. Es geht um die gegenseitige Durchdringung der drei Tugenden.

CHRISTENTUM

Zentrale Inhalte

1. Erster Zugang

Vom Judentum ausgehend war vom Sprechen und Handeln Jahwes die Rede. Dieses Sprechen und Handeln wird im Hebräischen mit dem Wort *dabar* bezeichnet. *Dabar* wird ins Griechische übersetzt mit *logos* und dann ins Deutsche mit „Wort". Dabei findet ein mehrfacher Bedeutungswandel statt. Der erste ist jener von *dabar,* das „Sprechen" und „Handeln" bedeutet, hin zu *logos,* was eher ein abstrakter Begriff ist und auf „Denken", „Geist", „Logik", „Sinn", „Vernunft" hinweist. Von dort findet ein zweiter Bedeutungswandel statt zur deutschen Übersetzung „Wort".

So kommt es zu der eigenartigen Formulierung: „Und das Wort ist Fleisch geworden" (Joh 1,14). Anders ausgedrückt: Der göttliche Logos wird Mensch, er ist ganz menschlich. Der göttliche Logos kommt dem Menschen ganz nahe, er wird verständlich und „begreifbar". Man kann ihn be-greifen im Sinne von anfassen. Geistig begreifen kann man ihn nicht immer, aber man kann sich ihm annähern. Zum Aushalten dieser Annäherung und der Nähe Gottes musste der Mensch sich auch weiterentwickeln.

Bei der Übersetzung von *dabar* mit *logos* kann der Satz „Im Anfang war der Logos" (Joh 1,1) so interpretiert werden, dass dieser Logos Gottes nicht nur in Jesus Christus Mensch geworden ist, sondern sich auch in der Natur sowie in jedem Menschen zeigt. In der Natur zeigt er sich in der „Logik" des Kosmos, der Organismen sowie den Naturgesetzen. Im Menschen zeigt er sich zusätzlich auf andere Weise. Auch hier ist es die Logik des Denkens und die Logik der Physiologie des Organismus, aber auch die Logik des Wortes und der Verantwortung. Hier ist die deutsche Übersetzung mit „Wort" hilfreich. Das innere göttliche Wort ist in jedem Menschen anwesend. Auf dieses Wort soll der Mensch ant-worten, also gegen-worten. Gott spricht den Menschen von innen her durch den göttlichen Geist sowie das göttliche Wort an und von außen durch das Mensch gewordene Wort Gottes sowie die Ereignisse und Begegnungen. Diesem An-spruch soll der Mensch antworten. Die Übersetzung von *dabar* mit *logos* weist auf die geordnete Grundstruktur der Welt hin und jene von *logos* mit „Wort" auf die letzte Ver-ant-wortung des Menschen.

Es heißt ausdrücklich „Im Anfang" und nicht „Am Anfang". Es geht darum, dass dieser Logos in allem, was ursprünglich aufspringt und ins Sein tritt, gegenwärtig ist. „(...) allem Anfang wohnt ein Zauber inne",[18] heißt es bei Hermann Hesse (1877–1962). Bei Hesse geht es um den irdischen Neubeginn in den unterschiedlichen Lebensstufen, diesem „Neubeginnen" liegt aber als Bedingung der Möglichkeit (Kant) das je neue und ursprüngliche Wirken des Göttlichen zugrunde.

Die Übersetzung von *dabar* mit *logos* und der Verweis auf das Anfanghafte in allem weist hin auf eine innerweltliche „Logik", die sich auch im Wortstamm von Wissenschaften wie Bio-logie, Psycho-logie, Sozio-logie und Theo-logie zeigt. Alle diese Wissenschaften können die Welt nur anfanghaft und bruchstückhaft erfassen. Gemeinsam können sie in komplementären Zugängen mehr begreifen als jede allein. Logos ist aber auch Vernunft, Sinn, Geist und verweist auf den göttlichen Geist im Menschen sowie auf dessen Spiritualität. Die Übersetzung mit „Wort" weist schließlich hin auf Ver-ant-wortung und Ethik. So ist das Christentum keine irrationale Religion, sondern eine höchst vernünftige, „logische", spirituelle und ethische. Dabei partizipiert die innerweltliche Logik und Vernunft an der göttlichen, die die menschlichen Dimensionen übersteigt. Durch die Ausrichtung des Menschen auf die göttliche Vernunft wird der Mensch erst in seiner Ganzheit erfasst.

Im Christentum bekommt der Logos Gottes ein Gesicht. Man darf sich ein Bild von ihm machen, allerdings nicht so, als wenn man alles verstünde. Aber Jesus Christus ist das Bild Gottes. Er ist ganz durchsichtig auf Gott hin und sagt: „Wer mich sieht, sieht den, der mich gesandt hat“ (Joh 12,45). Er ist ganz transparent auf Gott hin, er ist Gott. Und gerade durch diese innere Ausrichtung und Anbindung ist er ganz Mensch. Er ist ganz menschlich, kommt dem Menschen entgegen und lebt vor, wie das Leben gemeint ist. Der Gott, der dem Volk Israel nur aus der Ferne begegnet ist, tut es jetzt aus der Nähe. Aber auch ihm bleiben als Mensch Fragen: „Mein Gott, mein Gott, warum hast Du mich verlassen?“ (Mk 15,34)

2. Die Zwei-Naturen-Lehre Jesu

Das Phänomen, dass das Göttliche ganz menschlich ist, wird ausgesagt in der Lehre von den zwei Naturen Jesu. In ihm sind die „göttliche Natur" und die „menschliche Natur" als eine Einheit gegeben. Er ist beides: ganz Gott und ganz Mensch. Er ist eine Einheit in Verschiedenheit. Man darf die beiden Naturen nicht vermischen, aber auch nicht voneinander trennen: Sie liegen unvermischt und ungetrennt vor. Wenn gesagt wird, Jesus Christus war ganz Mensch, dann heißt das, dass er alle Höhen und Tiefen des menschlichen Lebens durchlebt hat. Man könnte auch sagen: Wer wissen will, wie das menschliche Leben geht, soll auf ihn schauen. Er ist ganz Mensch, er ist *der* Mensch. Und er ist gerade deswegen ganz Mensch, weil er ganz in seinem göttlichen Vater verankert ist. Er ist es so sehr, dass er sagen kann: „Ich und der Vater sind eins" (Joh 10,30).

So kann man sagen: Wer wissen will, wer Gott ist und welche Eigenschaften er hat, soll auf Jesus Christus schauen. Er ist ganz Mensch, in dem Maße er ganz bei Gott ist. Er ist die Einheit des göttlichen Wesens in der Verschiedenheit der menschlichen und göttlichen Naturen. So ist es auch in jedem Menschen: Göttliches und Menschliches liegen als Einheit in Verschiedenheit vor, aber nicht in dieser Vollständigkeit und Reinheit. Das menschliche Leben ist fragmentarisch und unvollkommen.

Wenn in Jesus zwei Naturen da sind, dann hat er auch zwei Willen: einen göttlichen und einen menschlichen. Der göttliche Wille des Vaters in ihm trifft auf seinen menschlichen Willen. Die Aufgabe Jesu ist es, den Willen des Vaters je neu zu erfüllen. „Meine Speise ist es, den Willen dessen zu tun, der mich gesandt hat" (Joh 4,34). Das heißt für ihn, dass es in ihm menschliche und göttliche

Strebungen gibt, menschliche und göttliche Antriebe. Die beiden Willen sind nicht immer kongruent und ringen miteinander. Das Angleichen des menschlichen Willens an den göttlichen geht nicht ohne inneren Kampf ab. Dieser findet seinen „Höhepunkt" in der Szene am Ölberg, wo Jesus Angst bekommt vor dem auf ihn zukommenden Leiden: „Mein Vater, wenn es möglich ist, gehe dieser Kelch an mir vorüber" (Mt 26,39).

Das Menschliche in ihm bäumt sich auf, sich dem Bösen zu stellen, ungerecht verurteilt, angespuckt und verhöhnt zu werden. Er will nicht wie ein Verbrecher am Kreuz sterben. Das ist verständlich. Letztlich willigt er doch in den Willen des Vaters ein: „Aber nicht wie ich will, sondern wie du willst" (Mt 26,39). Es geht um einen dramatischen Kampf zwischen menschlichem und göttlichem Wollen. Der Gehorsam dem Vater gegenüber und das Durchhalten der Liebe und der Wahrheit ist ihm wichtiger als die Leidfreiheit. Wegen dieses Dramas nennt der Schweizer Theologe Hans Urs von Balthasar (1905–1988) seine Ethik „Theodramatik".

Dies heißt gerade nicht, dass der göttliche Vater ein brutaler Schlächter ist, der seinen Sohn dahinschlachten lässt. Es bedeutet, dass Jesus die Botschaft des Vaters von der Liebe, der Wahrheit und der Barmherzigkeit bis zum Ende durchhalten will. Er will vor dem Bösen nicht zurückweichen. Denn gerade durch die Lehre vom Wahren, Guten und Barmherzigen wird auch das Falsche, Böse und Unbarmherzige aufgedeckt. Aber er weicht der daraus entstehenden Brutalität nicht aus. Er ist der gute Hirte, der nicht flieht, wenn Gefahr droht (Joh 10,11–13). Man kann sich auf ihn verlassen. Durch dieses Aufdecken, aber auch durch seine Sündenvergebungen, seine Krankenheilungen am Sabbat und seine Anmaßung der Gottessohnschaft hat er seine Gegner provoziert. Für all das wird er umgebracht und stirbt am Kreuz.

Jesus Christus hat in sich die Zerrissenheit zwischen göttlichem und menschlichem Willen überwunden. Er ist letztlich ganz im Frieden mit dem Vater, ganz eins mit ihm. Der Mensch kann diese Zerrissenheit nie ganz überwinden. Es wohnen in ihm „zwei Seelen“, zwei Willen. Aber er kann sich immer mehr an den binden, der die innere Zerrissenheit in sich überwunden hat. Der Einzelne kann der Person Jesu immer mehr nachfolgen und ihm ähnlicher werden. So kann er schrittweise die Gebrochenheit und innere Zerrissenheit überwinden.

Hieß es noch in der griechischen Philosophie, dass der Mensch dem guten Geist folgen soll, damit sein Leben glückt und gelingt, soll er jetzt dem göttlichen Geist folgen und die innere Gespaltenheit überwinden, damit sein Leben zur Fülle kommt (Joh 10,10). Darin besteht christliche Spiritualität, dass der Mensch immer kongruenter mit dem göttlichen Willen wird. Er soll dies nicht tun, um einer fremden Macht zu folgen, sondern um jenem Geist zu entsprechen, der den Menschen durchs Leben führen kann und ihn zu seinem tiefsten Wesen, seiner inneren Einheit und zu innerem Frieden hin befreit.

So kann die Lehre von der Zwei-Naturen-Lehre Jesu noch einmal folgendermaßen zusammengefasst werden: Jesus Christus zeigt dem Menschen, wie das Leben gemeint ist. Insofern ist er ganz Mensch. Wer wissen will, wie menschliches Leben geht, soll auf ihn schauen: „Ich bin ... das Leben“ (Joh 14,6). Er ist „der Weg und die Wahrheit“ (Joh 14,6). „Seht, da ist der Mensch!“ (Joh 19,5). Jesus Christus bringt die Botschaft von seinem Vater auf den Punkt; er verkörpert sie, er ist sie. Da er eins ist mit dem göttlichen Willen und auf den Vater hin transparent ist, kann man sagen, dass er ganz Gott ist. Gott kommt in ihm ganz zur Geltung, er ist Gott selbst. Auf den Punkt gebracht: Wer wissen will, wer Gott ist, soll auf ihn schauen, und wer wissen will, wie menschliches Leben geht, ebenfalls.

3. Trinität – die Dreifaltigkeit Gottes

Dreifaltigkeit *vor* Erschaffung der Welt

Das Christentum ist eine Ein-Gott-Religion. Es geht von *einem* Gott aus, nicht von drei Göttern. Dieser eine Gott ist in sich ein Beziehungsgeschehen. Es ist die Beziehung von Vater und Sohn im Heiligen Geist. Es ist eine Beziehung der Liebe. Dieses Beziehungsgeschehen liegt im Ursprung Gottes selbst. Es ist nicht so, als werde der Sohn erst vom Vater gezeugt. Alle drei Personen sind gleich ursprünglich da. Der Ursprung und Urgrund des Seins ist Dialog. Er ist ein wechselseitiges Sich-Annehmen, Schenken und Mitteilen. Der Urgrund des Seins stellt in sich Polarität und Pluralität dar und entlässt sie aus sich. Es ist *ein* Gott in der Verschiedenheit der drei Personen.

Der Vater ist anders als der Sohn, der Sohn anders als der Heilige Geist. Gott selbst ist in sich Unterschiedenheit, Dialog, Beziehung. Er stellt ein ständiges dialogisches Geschehen dar, das in Gott selbst und später auch im Menschen vonstattengeht. Damit beantwortet sich auch die Frage, warum ein dreifaltiges Gottesbild durchaus sinnvoll ist. Ein „einfältiger" Gott lässt sich schwer als Beziehungsgeschehen denken.

Da Gott dieses Liebes- und Beziehungsgeschehen in sich selbst ist, ist er sich selbst genug und braucht die Welt nicht. Er ist ganz frei, die Welt zu schaffen. Er hätte es auch lassen können. Er braucht den Menschen *nicht* als sein Gegenüber. Wäre er ein „einsamer" Gott, könnte man denken, er müsste die Welt schaffen, um ein Liebesgegenüber zu haben. Wenn er aber die Welt schaffen *müsste*, um ein Gegenüber zu haben, wäre er nicht frei. Er wäre auch nicht vollkommen, denn er hätte einen Mangel in sich, den der Mensch auszugleichen hätte. Nur wenn Gott ganz vollkommen und ganz frei ist, kann auch der Mensch frei werden. Gott als ein Gott der Beziehung und der Liebe ist der ganz Freie und ein Gott der Befreiung.

Liebe will sich mitteilen. So ist das beim Menschen und so ist das auch im letzten Grund allen Seins. Gott will den Menschen an seiner innergöttlichen Liebe teilhaben lassen. Insofern ist Gott einerseits frei, die Welt zu schaffen, andererseits drängt ihn die Liebe, den Menschen teilhaben zu lassen an seinem göttlichen Leben. Für den Einzelnen bedeutet dies, dass er hineingenommen ist in das innergöttliche Liebesgeschehen. Er ist dort ganz geborgen und kann eigentlich nicht herausfallen. Man kann sagen, dass es die letzte Bestimmung des Menschen ist, in dieses Beziehungsgeschehen Gottes integriert zu sein. Allerdings kann sich der Mensch in seiner Freiheit auch bewusst dagegen entscheiden.

Gott entfaltet sich in sich selbst und aus sich selbst heraus (Dreifaltigkeit). Er nimmt den Menschen in diese Entfaltung hinein. Auch der Mensch soll sich entfalten und Frucht bringen: für sich und für andere. Er kann nur Frucht bringen, wenn er an seinen innersten Seinsgrund angebunden ist. „Getrennt von mir könnt ihr nichts vollbringen“, heißt es im Johannesevangelium (Joh 15,5). Und umgekehrt: „Wer in mir bleibt und in wem ich bleibe, der bringt reiche Frucht“ (ebd.) und „jede Rebe, die Frucht bringt, reinigt er, damit sie mehr Frucht bringt“ (Joh 15,2).

Dreifaltigkeit in der Welt

Es wurde gesagt, dass Gott die Welt und den Menschen nicht braucht. Das gilt für das Dasein Gottes *vor* Erschaffung der Welt. Mit der Schöpfung der Welt und der Schaffung der endlichen Freiheit des Menschen kehren sich die Dinge nahezu um. Gott will ein freies Gegenüber, er will die Entscheidung des Menschen. Das ist sein Risiko. Liebe kann nicht zwingen. Der Mensch kann Nein sagen zu Gott. Das hat er auch getan, es wird erzählt in der Paradiesgeschichte (Gen 3). So kam das Unheil durch den Menschen in die Welt, nicht durch Gott. Gott braucht jetzt die Mitwirkung des Menschen. Vor Erschaffung der Welt brauchte er ihn nicht, nach der Erschaffung ist er nahezu auf ihn angewiesen. In den Kapiteln fünf und sechs über das Leid und die Erlösung wird darauf näher eingegangen.

Der Logos Gottes wird Mensch und mischt sich ein in das vom Menschen verursachte Leidensgeschehen der Welt. Er kommt aus der göttlichen Sphäre und nennt den fernen Gott Jahwe ganz vertraut seinen Vater, Väterchen. Beide verbindet ein liebevoll verstehendes Beziehungsgeschehen. „Der Vater liebt den Sohn und hat alles in seine Hände gegeben“ (Joh 3,35). Und doch bleibt der Vater den Menschen verborgen. Niemand hat den Vater je gesehen außer der Sohn (Joh 6,46). Der Sohn ist in dieser Welt das Fenster, das Bild, die Ikone, die den Vater kennt und durchscheinen lässt. „Ich und der Vater sind eins“ (Joh 10,30).

Jesus lebt in dieser Welt, heilt viele Menschen und berichtet darüber, wie das Leben eigentlich gemeint ist. Er lebt es vor und predigt darüber. Heilung heißt, den Menschen wieder innerlich ganz zu machen, heil zu machen. Der durch die Gottferne mit sich selbst entfremdete Mensch soll wieder zu seinem göttlichen Urgrund und damit zu sich selbst zurückgeführt werden. Viele Berichte im Neuen Testament sind Heilungsgeschichten; wir sprechen vom Heiland, das Christentum ist eine heilende Religion. Heilung geschieht meist durch einen längeren Prozess der Erkenntnis und Umkehr und nicht plötzlich.

Trotz der vielen Heilungen und des vorgelebten Lebens wird der Konflikt mit den eigenen Religionsführern, den Schriftgelehrten und Pharisäern immer größer. Jesus Christus wird getötet durch Kreuzigung und erleidet den schmachvollsten Tod. Musste er so sterben? Hätte er die Welt nicht auch anders erlösen können? Was bedeutet Erlösung? Dies wird später erläutert.

Bei seinem Tod hinterlässt Jesus Christus den Menschen den Heiligen Geist. Es ist nicht leicht, zu erklären, was mit diesem Geist gemeint ist. Vielleicht kann man sich dem Phänomen so nähern: Das Christentum ist eine spirituelle Religion mit dem Heiligen Geist als dritter göttlicher Person. Dieser ist das Verbindungsglied zwischen Vater und Sohn. Beide sind eines Geistes. Sie verbindet das gleiche Denken und Fühlen, sie reden und handeln aus demselben Geist heraus. Sie sind „ein Herz und eine Seele". „Der Sohn kann nichts von sich aus tun, sondern nur, wenn er den Vater etwas tun sieht. Was nämlich der Vater tut, das tut in gleicher Weise der Sohn" (Joh 5,19).

Dieser göttliche Geist ist nicht nur anwesend in Vater und Sohn, sondern auch im Menschen. Der Mensch könnte das göttliche Wort, das ihm von außen entgegenkommt, nicht verstehen, wenn nicht in seinem Seelen*grund* der Resonanzboden des Heiligen Geistes anwesend wäre. Daher kommt das deutsche Wort „Grund": vom Seelen*grund* aus der mittelalterlichen Mystik. Dieser Geist ist dem Menschen innerlicher, als er sich selbst innerlich sein kann (Augustinus), und er ist der Vermittler zwischen Gott und Mensch. Er führt den Menschen zur rechten Einsicht und Erkenntnis. Er gibt auch die Kraft, das Erkannte umzusetzen, und verleiht die Fähigkeit zur „Unterscheidung der Geister". Was das bedeutet, wird gleich entfaltet.

So kann man die innerweltliche Dreifaltigkeit folgendermaßen kurz zusammenfassen: Gott ist der Urgrund allen Seins, den die Juden Jahwe nennen. Er ist der Schöpfer, den Jesus Christus den Vater nennt. Derselbe göttliche Grund ist im Seelengrund des Menschen als Heiliger Geist anwesend. Er ist der „heile" Geist, der richtig leitet und nicht in die Irre führt. Derselbe göttliche Geist

ist in Jesus Christus, im Vater, im Menschen und zwischen den Menschen gegenwärtig: „Wo zwei oder drei in meinem Namen zusammen sind, da bin ich mitten unter ihnen“ (Mt 18,20). Gott kommt dem Menschen äußerlich und innerlich entgegen. Er ist ein Liebesgeschehen *vor* Erschaffung der Welt und ein ständiges Beziehungsgeschehen *in* dieser Welt. Christentum ist eine Beziehungsreligion, keine Gesetzesreligion. Wie sich dieses Beziehungsgeschehen als Glaubensvollzug des Menschen umsetzen kann, wird im Folgenden erläutert.

4. Was ist christliche Spiritualität?

Unterscheidung der Geister – erster Zugang

Was bedeutet nun die christliche Lehre von der Existenz des Heiligen Geistes sowie die dargestellten Dogmen von der Dreifaltigkeit Gottes und der Zwei-Naturen-Lehre Jesu für den Menschen in seinem Alltag? Wenn Gott dem Menschen nicht nur äußerlich durch die Person Jesu Christi, das Neue Testament, geschichtliche Ereignisse und persönliche Begegnungen nahekommt, sondern auch von innen her, dann muss das auch erfahrbar sein. Aufgrund der Leib-Seele-Einheit des Menschen muss das innere Wirken des Geistes auch für den Einzelnen leiblich wahrnehmbar sein. Und so ist es: Der Mensch kann das Wirken des Geistes erkennen. Er kann den Geist als das innere Wort oder die göttliche Stimme wahrnehmen, die in der Weise des Schweigens spricht. Diese leise Stimme oder das schweigende Wort kann nur der hören, der selbst schweigt. Wer dauernd redet, kann nicht hören. „Höre Israel", ist schon die erste Aufforderung an das Volk Israel.

In der Stille kann man das innere göttliche Wort hören lernen. Warum soll man es hören lernen? Weil es das Zentrum der christlichen Spiritualität ist und den Menschen in die Freiheit führt. Jesus selbst nimmt die Stimme des Heiligen Geistes wahr. Der Geist trieb ihn in die Wüste (Mk 1,12). Der Geist verbindet ihn mit dem Vater. Er will das Wort des Vaters hören und seinen Willen tun. „Meine Speise ist es, den Willen dessen zu tun, der mich gesandt hat, und sein Werk zu Ende zu führen" (Joh 4,34). Dabei geht es nicht um eine neue Form der Fremdbestimmung durch ein Über-Ich, sondern um das Hinfinden zum göttlichen Willen in sich selbst, das zum Finden der eigenen Berufung und Identität notwendig ist. Die Autorität Gottes ist keine von außen her unterdrückende Macht, sondern eine von innen her ermöglichende Kraft. Autorität kommt von *augere* und das heißt „wachsen lassen“. Dieses je neue Finden des göttlichen Willens führt zum Wachstum des eigenen Lebens.

Die innere Autorität des göttlichen Geistes macht sich bemerkbar in den Stimmungen des Menschen. Neben der „Stimme“ des Heiligen Geistes gibt es im Menschen auch noch andere Stimmen: die Stimme der Mutter, des Vaters, der Geschwister, der Freunde, der Gesellschaft, des „man“, des eigenen Ich. Diese Stimmen überlagern die Stimme des göttlichen Geistes. Daher muss man Ordnung in das Stimmengewirr bringen. Die Tradition nennt das die Unterscheidung der Geister. Es geht darum, die inneren Stimmen, Stimmungen, Seelenbewegungen, Seelenregungen und Antriebe unterscheiden zu lernen.

Was ist der Hintergrund? Es gibt einen menschlichen Geist mit seiner Vernunft, seinem Verstand sowie seiner Fähigkeit zur Selbstreflektion. Und es gibt – wie Christen glauben – den göttlichen Geist im Innersten des Menschen. Gleichzeitig wirkt im Menschen die ganze emotionale Welt mit ihren Gefühlen, Stimmungen und Bewegtheiten der Seele. Hier treffen Relatives und Absolutes, Fremdes und Eigenes, Menschliches und Göttliches aufeinander.

Der Mensch ist ein Ganzer aus Vernunft und Gespür, Verstand und Gefühl. Der Schweizer Theologe Hans Urs von Balthasar unterscheidet diese beiden Begriffe „Gefühl“ und „Gespür“. Das Gefühl betrifft das Zwischenmenschliche: Jemand freut sich, einen alten Freund wiederzutreffen, ein anderer hat Angst vor der Stimme der Mutter, jemand Drittes hat in der Jugend viel ins Unbewusste verdrängt. Hier ist die Domäne der Psychologie. Dann aber gibt es die tiefere Ebene des Gespürs. Diese bezieht sich auf das Ganze des Lebens, auf das Absolute, auf Gott. Manche würden hier – bei aller Unterschiedlichkeit der Begriffe – vielleicht von Intuition, innerer

Stimmigkeit oder von einem Teil der Stimme des Gewissens sprechen. Jemand spürt, dass er an seinem Leben vorbeilebt, von anderen gelebt wird und nicht bei sich ist. Er weiß, er könnte scheitern, wenn er so weiterlebt.

Diese beiden Ebenen des Gefühls und des Gespürs kann man unterscheiden lernen. Sie sind zu trennen und liegen doch gemeinsam vor, unvermischt und ungetrennt. Es geht auch um das „Zweigespann" von menschlichen und göttlichen Antrieben. Der Mensch kann diese Antriebe und Bewegungen der Seele unterscheiden lernen. Bewegen heißt auf Lateinisch *movere* und davon sind Begriffe wie „Motiv" und „E-motion" abgeleitet. Bei der Interpretation der Seelenbewegungen geht es um die Frage, welche Motive hinter dem jeweiligen Handeln stehen und welche Rolle Emotionen bei Entscheidungsfindungen spielen.

Unterscheidung der Geister – konkret

Zur Unterscheidung dieser Seelenbewegungen hat Ignatius von Loyola aufgrund seiner eigenen Lebenserfahrung bestimmte Übungen (Exerzitien) entwickelt. Dazu hat er, wie man heute aus der Forschung weiß, auf die Nikomachische Ethik von Aristoteles, die Kirchenväter und Thomas von Aquin zurückgegriffen.[19] Er hat die Anleitung zur Unterscheidung dieser Seelenbewegungen in seinem schon oben erwähnten „Exerzitienbuch" niedergeschrieben. Es geht darin um so etwas wie eine „strukturierte Spiritualität", mit der der Mensch sein Innenleben besser verstehen lernt. Dazu heißt es: „Regeln, um einigermaßen die verschiedenen Bewegungen zu erklären und zu erspüren, die in der Seele sich verursachen: die guten, um sie aufzunehmen, die schlechten, um sie zu verwerfen" (EB 313). Als Sinn und Zweck der Exerzitien beschreibt er nüchtern: „Geistliche Übungen dazu hin, (...), sein Leben zu ordnen, ohne sich durch irgendeine Neigung, die ungeordnet wäre, bestimmen zu lassen“ (EB 21).

Die Exerzitien sind auf vier Wochen konzipiert, man kann sie auch kürzer machen. Sie verlaufen im Schweigen mit einem Exerzitienbegleiter. Er steht für Gespräche und Anleitungen zur Verfügung. Sie sind psychologisch sehr klug aufgebaut. Die erste Woche ist der Betrachtung der eigenen Biografie gewidmet. Der Mensch soll mit *all seinen Sinnen* sein bisheriges Leben im Schweigen nacherleben.[20] Wie war der Geruch zu Hause, wie die Atmosphäre nach der Schule, wie das Verhältnis der Eltern zueinander, das eigene Verhältnis zu den Mitmenschen, welche Ängste haben sich entwickelt, welche Freuden gab es, welches Leid, auch welche Fehler und Sünden gab es und wie hat sich das angefühlt?

Die zweite Woche ist der Biografie Jesu gewidmet. Wieder soll mit allen Sinnen nachempfunden werden, wie es wohl im Stall von Bethlehem gerochen hat, wie es geraschelt hat im Stroh, wie die Flucht war, wie das Verhältnis Jesu zu den Eltern. Jetzt spürt der Mensch schon den Unterschied zwischen seiner Biografie und jener der Person Jesu. Die dritte Woche ist der Betrachtung des Leidens Jesu gewidmet. Nicht als Leidensmystik oder Verherrlichung des Leidens, sondern als nüchterne Erkenntnis, dass menschliches Leben nicht ohne Leiden abläuft.

Allerdings ist das Leiden im Leben des Christen nicht das Letzte. Deshalb gilt die vierte Woche der Exerzitien der Betrachtung des Durchgangs durch das Leiden hinein in das, was die christliche Tradition „Auferstehung“ nennt. Dabei geht es nicht erst um eine Auferstehung zu einem neuen Leben nach dem Tod, sondern um eine Form von Auferstehung schon mitten im hiesigen Leben. Der Mensch soll durch das Leiden je neu hindurchgehen zu einem größeren, weiteren und volleren Leben. Jede Krise und Phase der Desintegration soll auf einer höheren Ebene neu integriert werden.

So kann der Mensch immer wieder frei werden von Verstellungen, Verdrängungen, Engführungen und Ausweglosigkeiten.

Bei diesen Durchgängen kann das kleine Ich des weltlichen Menschen abnehmen und das Du Gottes zunehmen, damit das wahre göttliche Ich des Menschen zum Vorschein kommt. „Wenn jemand nicht von neuem geboren wird, kann er das Reich Gottes nicht sehen“ (Joh 3,3). Und später: „Wenn jemand nicht aus Wasser und Geist geboren wird, kann er nicht in das Reich Gottes kommen. Was aus Fleisch geboren ist, das ist Fleisch; was aus dem Geist geboren ist, das ist Geist“ (Joh 3,4–5). Es geht also darum, immer mehr dem göttlichen Geist zu folgen, um das wahre Ich, wie es von Gott gemeint ist, zu finden. Folgt man dem innerweltlichen Geist, dem „Fleisch“, verliert man das wahre Ich. Mit einem anderen Zitat: „Denn wer sein Leben retten will, wird es verlieren, wer aber sein Leben um meinetwillen ... verliert, wird es retten“ (Mk 8,35). So geht es auch beim letzten Durchgang durch den Tod nicht um das Erlangen irgendeines Paradieses, sondern um die eigene Selbstwerdung in einer ganz intimen Begegnung mit Gott selbst. „Dann aber schauen wir von Angesicht zu Angesicht“ (1 Kor 13,12). Durch die Begegnung mit dem Du Gottes wird der Mensch immer mehr er selbst.

So wird in den vier Wochen der Exerzitien der eigene Lebenszyklus sowie jener Jesu Christi „nachempfunden“. Der Mensch soll sich dadurch im Schweigen besser kennen und seine Seelenregungen genauer verstehen lernen.[21] Die Übungen der Exerzitien sind im besten Sinne eine Wahrnehmungsschulung. Es geht um eine genauere Wahrnehmung und Interpretation dessen, was der Philosoph Martin Heidegger so beschrieben hat, dass der Mensch immer irgendwie gestimmt ist. Er ist traurig, fröhlich, gelangweilt, leer, ausgebrannt, voller Freude. Diese Gestimmtheiten gilt es zu interpretieren.

Karl Rahner (1904–1984), einer der bekannteren Jesuiten, konstatierte allerdings, „daß der Mensch von heute mit seinem spontanen Lebensgefühl nur sehr schwer bereit sein wird, etwas, was er in seinem Bewußtsein entdeckt, als eine höchst persönliche Einwirkung Gottes anzuerkennen, seine Stimmungen, Antriebe, seinen ‚Trost' und ‚Mißtrost' als eine Wirkung transzendenter Mächte zu begreifen. Er wird eher an Hormone, Wirkungen des Wetters, erbbiologische Charakterbedingtheiten, Echo aus dem Unterbewußtsein, Komplexe und an tausend andere Dinge denken, bevor er auf den Gedanken kommt, daß da Gott, sein Engel oder der Teufel am Werk ist".[22] Was die Begriffe „Trost" und „Misstrost" bedeuten sowie die Frage, was es heißt, wenn da Gott oder der Teufel am Werk ist, wird im Folgenden erläutert.

Die inneren Stimmungen im Menschen

Zunächst sagt der Begriff der Stimmungen, der Gestimmtheit und der Stimmigkeit etwas Dialogisches aus. Wenn jemand bemerkt, dass etwas stimmt, meint er damit, dass die Aussage eines anderen richtig ist oder ein Sachverhalt zutrifft. Das stimmt so. Jemand kann auch sagen, dass es in seinem Leben zurzeit ganz gut stimmt, dass es stimmig ist. In anderem Zusammenhang wird in der Musik ein Instrument an einem vorgegebenen Kammerton a gestimmt. Es geht um ein gegenseitiges Abstimmen, um eine Harmonie zwischen zwei Tönen. Woran könnte der Mensch eingestimmt werden? Welches dialogische Prinzip liegt seiner Stimmigkeit zugrunde? Im Kapitel über die Dreifaltigkeit in dieser Welt wurde gesagt, dass nach christlicher Auffassung der göttliche Geist im Seelengrund des Menschen anwesend ist. Wenn es diesen Geist „gibt", kann er einfach nur still da sein oder aber sich bemerkbar machen. Er kann, so wurde gesagt, Seelenbewegung auslösen und den Willen des Menschen bewegen. Diese inneren Antriebe kommen nicht aus der Triebsphäre Freuds und den Hormonschwankungen, sondern aus Gott selbst. Der Mensch kann lernen, diese Antriebe von anderen Trieben zu unterscheiden. Ignatius von Loyola unterscheidet drei innere Antriebe im Menschen – wie später auch drei Arten von Gedanken – ihrer Herkunft nach: jene aus dem göttlichen Geist, aus dem menschlichen Ich und dem „bösen“ Geist, der den Menschen vom Weg abbringen will. Letzterer ist der Geist der Zerstreuung, der im Griechischen Diabolos genannt wird (*diaballein:* auseinanderreißen, zerstreuen). Dieser Geist will den Menschen verwirren und in ihm den Hang zum Schlechten und Bösen fördern.

Die verschiedenen Antriebe im Menschen haben nach Ignatius unterschiedliche Qualitäten. Dem guten Geist ist es zu eigen, „Mut und Kraft, Tröstungen, ... Einsprechungen und Ruhe zu geben, indem er alle Hindernisse leicht macht und weghebt, damit man im Tun des Guten weiter voranschreite“ (EB 315). Und dem bösen Geist ist es zu eigen, „zu beißen, traurig zu stimmen und Hindernisse zu legen, indem er mit falschen Gründen beunruhigt, damit man nicht weiter vorrücke“ (EB 315).

Wie erwähnt, nimmt Ignatius für die Gedanken ebenfalls diese Dreiteilung vor: „Ich setzte voraus, dass es dreierlei Gedanken in mir gibt. Solche, die mein eigen sind und allein meiner Freiheit und meinem Willen entspringen, während die beiden anderen von außen kommen: der eine vom guten, der andere vom bösen Geist“ (EB 33). Er rät in seinen Übungen, den Verlauf der Gedanken genau zu verfolgen: Anfang, Mitte und Ende von Gedanken müssen gut sein. „Wir müssen sehr achtgeben auf den Verlauf der Gedanken. Sind Anfang, Mitte und Ende gut und hingerichtet auf etwas ganz Gutes, dann ist dies ein Zeichen des guten Engels. Wenn aber einer im Verlauf seiner Gedanken bei einer schlechten oder ablenkenden Sache landet oder bei etwas weniger Gutem als dem, was die Seele sich vorher vorgenommen hatte zu tun, oder wenn es die Seele schwächt oder verwirrt, indem es ihr den Frieden, die Stille und Ruhe, die sie vorher hatte, wegnimmt, so ist dies ein klares

Zeichen, dass es vom bösen Geiste herstammt, dem Feind unseres Fortschritts und des ewigen Heils" (EB 333).

Weiterhin unterscheidet Ignatius im Zentrum seiner Exerzitien zwei innere Seelenbewegungen, die im vorigen Kapitel im Rahner-Zitat erwähnt wurden: Trost und Trostlosigkeit (Misstrost). „Ich rede von Trost, wenn in der Seele eine innere Bewegung sich verursacht, bei welcher die Seele in Liebe zu ihrem Schöpfer und Herrn zu entbrennen beginnt (...) und endlich nenne ich Trost jede Zunahme von Hoffnung, Glaube, Liebe, und jede innere Freudigkeit, die ihn zu den himmlischen Dingen ruft und zieht und zum eigenen Heil seiner Seele, indem sie ihn besänftigt und befriedet in seinem Schöpfer und Herrn" (EB 316).

Und von der Trostlosigkeit schreibt er: „Ich nenne Trostlosigkeit (...): Verfinsterung der Seele, Verwirrung in ihr, Hinneigung zu den niedrigen und erdhaften Dingen, Unruhe verschiedener Getriebenheiten und Anfechtungen, die zum Mangel an Glauben, an Hoffnung, an Liebe bewegen, wobei sich die Seele ganz träg, lau, traurig findet und wie getrennt von ihrem Schöpfer und Herrn. Denn wie der Trost das Gegenteil der Trostlosigkeit ist, so sind auch die Gedanken, die der Trostlosigkeit entspringen, entgegengesetzt den Gedanken, die aus dem Trost entstehen" (EB 317). Ignatius gibt für diese Trostlosigkeit verschiedene Gründe an: Einer ist, wenn der Mensch zu sehr an der Oberfläche lebt und seine täglichen geistlichen Übungen im Sinne der regelmäßigen Stille, des Gebetes und der Reflexion nicht macht.

Anhand dieser verschiedenen Seelenqualitäten kann der Mensch entscheiden lernen, ob der Antrieb *aus Gott* stammt oder nicht. Wenn er aus Gott kommt und der Mensch ihm folgt, treten Trost, innere Stimmigkeit, Freude, Lebensdynamik und innerer Frieden ein. Die Früchte des Heiligen Geistes sind Freude, Friede, Liebe, Langmut, Freundlichkeit, Güte, Treue, Sanftmut, Selbstbeherrschung (Gal 522–23). Im Kontext der Trostlosigkeit zeigt sich alles nahezu umgekehrt: Alles wird grau, die Unruhe nimmt zu, das Leben erschlafft, trägt keine Früchte und entfaltet sich nicht. Dies sind die beiden Extreme, die der Mensch erfahren kann und in Exerzitien auch erfahren soll, um sie kennenzulernen. Im wirklichen Leben wird sich das emotionale Leben eher in einer ruhigeren Mitte bewegen.

Im Kontext einer solch „strukturierten Spiritualität" ist es von großer Bedeutung, dass der Mensch seine inneren Seelenbewegungen ernst nimmt. Für viele Menschen wird das entweder trivial oder selbstverständlich sein. Aber diese Anregungen sind nicht einfach nur da oder nicht da und ansonsten unbedeutend, sondern sie haben Verbindlichkeitscharakter. Da das Christentum primär keine Gesetzesreligion, sondern eine Beziehungsreligion ist, macht sich das Göttliche über die Seelenbewegungen bemerkbar. Der Mensch sollte innerhalb der gültigen Normen (zum Beispiel die Zehn Gebote) nicht nur zwischen Gut oder Böse unterscheiden, sondern vor allem zwischen Gut und Besser. „Maria hat das Bessere gewählt", heißt es in Lk 10,42 und die Reben am Weinstock sollen „mehr" Frucht bringen (Joh 15,2). Für Franz von Assisi wäre es gut gewesen, das Geschäft des Vaters zu übernehmen. Besser war es für ihn, auf alles zu verzichten. Und dieses Bessere musste er wählen, sonst wäre sein Leben womöglich gescheitert. Es hat Verbindlichkeitscharakter.

Allerdings gilt auch hier beim Wahrnehmen der Seelenregungen das rechte Maß zu finden. Das eine Extrem wäre, zwanghaft auf jede kleine Regung im Inneren zu achten und bei jeder Tasse Kaffee nach dem göttlichen Willen zu fragen, und das andere Extrem wäre, gar nicht auf die Botschaften der Seelenregungen zu achten und sie für bedeutungslos zu halten. Die rechte Mitte ist, wachsam zu bleiben für das, was im eigenen Inneren vor sich geht, und die Seelenbewegungen besser interpretieren zu lernen, ohne in eine zwanghafte Selbstbeobachtung zu verfallen.

Diese Unterscheidungen sind ein lebenslanger Prozess. Der Mensch sollte sich dazu täglich immer wieder sammeln und wenigstens für ein paar Minuten im Laufe des Tages in die Stille zurückziehen. Dieser kleine Zeitaufwand hat große Wirkungen. So lernt der Einzelne sich immer besser kennen und sich selbst wahrzunehmen. „Nimm dich selbst wahr und wo immer du dich findest, da lass dich“,[23] heißt es schon beim mittelalterlichen Mystiker Meister Eckhart (1260–1328) im Kontext mit der Gelassenheit. Dadurch kann der Einzelne bessere Entscheidungen treffen und manche Irrwege, die sehr viel Zeit kosten, vermeiden.

Die Möglichkeit zur Selbstwahrnehmung bis hin zur Wahrnehmung göttlicher Antriebe ist christlich gesprochen ein Ausdruck der Inkarnation des Geistes Gottes im Menschen. Inkarnation bedeutet, dass sich der Geist Gottes nicht nur in der Person Jesu Christi, sondern in jedem Menschen bemerkbar machen kann. Jeder Mensch soll aus diesem Geist leben und das göttliche Wort in je individueller Weise zur Welt bringen. Der Mensch ist aufgrund seiner Leib-Seele-Einheit bis hinein in seine sinnlichen Empfindungen, Seelenregungen, Emotionen vom Göttlichen durchwirkt. Er ist Tempel des Heiligen Geistes. „Wisst ihr nicht, dass ihr Gottes Tempel seid und der Geist Gottes in euch wohnt?“ (1 Kor 3,16), und dann: „Oder wisst ihr nicht, dass euer Leib ein Tempel des Heiligen Geistes ist?“ (1 Kor 6,19). Der Leib als Tempel des Heiligen Geistes: eine größere Verehrung des menschlichen Leibes gibt es kaum. Etwas philosophischer ausgedrückt: Auch die tiefsten Dimensionen des Seins drücken sich in der Leiblichkeit des Menschen aus. Bis in seine Gefühls- und Gespürswelt hinein ist der Mensch mit dem Absoluten verbunden. Eine größere Nähe zwischen Gott und Mensch ist kaum möglich, sie wird noch vertieft in der heiligen Kommunion, die im Kapitel über die Sakramente beschrieben ist.

Der transzendente Gott wird immanent mitten im menschlichen Leben. Er inkarniert sich im Menschen. Der Mensch sollte sich bewusst für diese Gegenwart öffnen. Er kann dies verweigern oder aber in eine intime Beziehung mit Gott eintauchen. Das ist seine freie Entscheidung. Daher heißt es im Neuen Testament: „Ich nenne euch nicht mehr Knechte; denn der Knecht weiß nicht, was sein Herr tut. Vielmehr habe ich euch Freunde genannt; denn ich habe euch alles mitgeteilt, was ich von meinem Vater gehört habe" (Joh 15,15). Der Mensch kann schrittweise be-greifen, wer dieser Gott ist und wie er draußen in der Umgebung des Menschen und drinnen im Menschen wirkt. Natürlich bleiben diese Erkenntnisse aufgrund der Endlichkeit der Welt fragmentarisch und viele Fragen bleiben offen. Aber es gibt doch eine Form der intimen Mitteilung Gottes, die der Mensch in den vermeintlichen Selbstverständlichkeiten der Seelenregungen erkennen kann.

5. Die Freiheit des Menschen

Was gewinnt der Mensch, wenn er sich diesem Geist öffnet und der Stimme Gottes folgt? Er gewinnt sich selbst, seine innere Freiheit, seinen Frieden, tiefe Freude und die Fülle des Lebens. Was aber ist diese Freiheit? Manche glauben, Freiheit sei Beliebigkeit, all das tun zu können, was einem in den Sinn kommt. Frei ist, wer tun und lassen kann, was er will. Das Gegenteil ist der Fall. Freiheit ist gerade nicht Beliebigkeit. Freiheit ist gebunden an die Wahrnehmung dessen, was *ist,* an das, was im Innersten wirkt. Freiheit, die zum gelingenden Leben führen soll, ist gebunden an den *Logos,* an das innere Wort, auf das der Mensch hören und mit seinen je neuen Entscheidungen ant-worten (gegen-worten) soll. Freiheit hat mit Verantwortung zu tun. Der Mensch muss Antwort geben auf die Herausforderungen des alltäglichen Lebens und auf das, was sich in seinem Inneren zeigt. Im Letzten muss er antworten auf den je neu an ihn ergehenden An-ruf des Lebens.

Es können drei Freiheitsbegriffe unterschieden werden: jener der äußeren Freiheit als Handlungsfreiheit, jener der inneren Freiheit als Teil der Willensfreiheit und jener der Wesensfreiheit, zu der der Mensch hingeführt werden soll.[24] Der Gott Israels – das wurde schon gesagt – befreit sein Volk von der äußeren Zwangsherrschaft der Ägypter. Ohne äußere Freiheit kann der Mensch sich nicht entfalten. Aber der Mensch muss auch innerlich befreit werden. Dies ist das Ziel des Neuen Testaments: „Zur Freiheit hat uns Christus befreit“ (Gal 5,1). Der Mensch soll dazuhin befreit werden, das tun zu können, was er *wirklich* aus seinem tiefsten Wesen heraus will. Oft bleibt es beim oberflächlichen Wollen, weil biografische Verstellungen und eine tiefe „Unordnung“ in der Seele des Menschen den Menschen hindern, zu seinem wahren Wesen durchzustoßen.

Wie kommt das? Der Mensch ist offensichtlich nicht überall Herr im eigenen Haus. Das hängt auf einer ersten Ebene mit psychischen Prägungen und Blockaden sowie dem Unbewussten und dem Verdrängten zusammen. Aber auf einer zweiten Ebene geht es um eine viel grundsätzlichere „Verstellung“. Diese nennt die theologische Tradition – mit einem etwas verwirrenden Begriff – „Erbsünde“. Diese Lehre sagt, dass der Mensch grundsätzlich nicht aus sich heraus vollständig das vollziehen kann, was er möchte. Zwar hat er einen freien Willen: Er ist fähig zur Selbstgesetzgebung (Autonomie) und zur Selbstbestimmung. Diese Fähigkeit diente Immanuel Kant zur Entwicklung seines Würdebegriffes. Aber in der konkreten Umsetzung dieser Willensfreiheit ist der Mensch nur teilweise Herr seiner selbst. Zum Wollen-Können und zum Umsetzen-Können dessen, was er *wirklich* will, muss er offensichtlich erst befreit werden. Das kann er nicht aus eigener Kraft. Paulus sagt es so: „Ich verstehe mich selbst nicht, ich will das Gute tun und tue doch das Böse“ (Röm 7,19). Das heißt, der Mensch ist offensichtlich blockiert in der Umsetzung des Guten. Er bedarf der Befreiung von den innerweltlichen Blockaden und der Erlösung seiner grundsätzlichen Tendenz zum Nein gegen das göttliche Wirken. Er muss befreit werden dazu hin, das Göttliche vollziehen zu können, und das ist jenes, was er *wirklich* von seinem innersten Wesen her will. Dazu bedarf es der Mitwirkung Gottes und das nennt die Tradition Gnade.

Daher heißt der dritte Begriff von Freiheit „Wesensfreiheit“. Der Mensch muss befreit werden zu seinem Wesen hin. Die Wesensfrage ist jene nach der tiefsten Identität des Menschen, die der Einzelne allein aus sich heraus nicht finden kann. „Wer bin ich?“, lautet die eigentliche Frage, oder mit Augustinus: „So war ich mir zu einem großen Rätsel geworden.“[25] Jeder Mensch ist durch seine Eltern gezeugt und insofern fremdbestimmt worden. Außerdem hat er viele Prägungen mitbekommen. Er will aber auf Dauer zum eigenständigen Leben hinfinden und sein Wesen verwirklichen: aus Fremdbestimmung zur Selbstbestimmung, aus Heteronomie zur Autonomie. Es geht also um die Befreiung von verschiedenen Abhängigkeiten *hin* zur Befreiung zum eigenen Wesen.

6. Erlösung

Schon öfter fiel der Begriff der Erlösung.[26] Er zielt in eine ähnliche Richtung wie jener der Befreiung. Befreiung ist aber eher auf die Beseitigung innerweltlicher Hemmnisse bezogen, während der Begriff „Erlösung“ auf die grundsätzliche Tendenz zur Entfremdung des Menschen von Gott hinweist. Der Mensch ist auf der Suche nach dem Glück, so wurde von Aristoteles her berichtet. Christlich soll er sogar zur Fülle des Lebens heranreifen. Viele Menschen wollen diese Fülle aber aus sich selbst heraus erreichen, jedenfalls unabhängig von einer Anbindung an Gott, das Christentum oder die Kirche. Vieles davon ist verständlich, weil den Menschen womöglich durch die „Institution Kirche“ der Blick auf den lebendigen Gott verstellt worden ist.

Aber da der Mensch sich selbst um ein Unendliches übersteigt und weit mehr ist, als er nur aus sich heraus ist, kann er auch nur von diesem „Mehr“ her zu sich selbst hinfinden. Sonst bleibt in allem ein Zuwenig. Dazu muss er sich aber auf dieses Mehr einlassen und das fällt vielen schwer. Sie trauen dem tragenden Grund nicht oder kennen ihn nicht. Erst von diesem Grund her würden sie zu ihrer eigentlichen Größe heranreifen. „Nur wenige Menschen ahnen, was Gott aus ihnen machen würde, wenn sie ihn nur ließen“,[27] heißt es bei Ignatius von Loyola. Und der Philosoph Søren Kierkegaard (1813–1855) meint, dass die Menschen am Christentum Anstoß nehmen, weil es den Menschen zu etwas Außerordentlichem machen will. Er sagt, dass „der Grund, warum der Mensch eigentlich am Christentum Ärgernis nimmt, darin liegt, dass es zu hoch ist, [...] weil es den Menschen zu etwas Außerordentlichem machen will“.[28]

Von dieser Größe her gedacht ist es für Kierkegaard das Schlimmste, „vor Gott verzweifelt nicht man selbst sein wollen oder vor Gott man selbst sein wollen".[29] Damit ist ein Zweifaches gesagt: Der Mensch will von Gott her nicht zu seiner eigentlichen Größe heranreifen; oder aber – die andere Fehlhaltung – er will ohne Gott er selbst werden. Das ist Selbstherrlichkeit. Beides führt in den Abgrund. Kierkegaard vertieft seine Aussage noch: „Diese Form von Verzweiflung ist: verzweifelt nicht man selbst sein wollen, oder noch niedriger: verzweifelt nicht ein Selbst sein wollen, oder am allerniedrigsten: verzweifelt ein Anderer sein wollen als man selbst, ein neues Selbst sich wünschen."[30]

Der Mensch soll etwas Außerordentliches werden, nahezu wie Gott werden, aber von Gott aus und nicht aus sich selbst heraus. So heißt es vom Menschen bereits in den Psalmen: „Du hast ihn nur wenig geringer gemacht als Gott" (Ps 8). Der Mensch will aus Angst vor seiner eigenen Größe, wie sie von Gott aus gemeint ist, nicht zu dieser Größe heranreifen, und bleibt hinter sich selbst zurück. Dies kann geschehen aus Angst, aus Bequemlichkeit, aus Unwissenheit oder auch, weil falsche Gottesbilder vermittelt wurden. So bleibt der Mensch in sich selbst verhaftet, im kleinen Ich und der Egozentriertheit hängen und reift nicht zu seiner eigentlichen Größe heran. Er bleibt sich selbst, dem Leben und Gott etwas schuldig. Es ist diese Tendenz zur Ich-Verhaftung, die die tiefere theologische Aussage verdeutlicht, dass der Mensch existenziell zum Nein gegen Gott neigt und sich weigert, sich selbst zu überschreiten auf das Göttliche hin. Das ist der eigentliche Begriff der Sünde, dass der Mensch sich von Gott absondert (Sünde – absondern). Von dieser Tendenz muss er erlöst werden.

Ohne die innere Anbindung an den letzten Grund des Seins (Gott) kann es sein, dass der Einzelne von innerweltlichen Abhängigkeiten zu sehr bestimmt bleibt und damit nie wirklich frei wird zum Vollzug seiner selbst. Dabei heißt Selbstvollzug und Selbstbestimmung nicht reine Selbstverwirklichung im Sinne der Egozentrik, sondern immer Theozentrik als die Verwirklichung Gottes im Menschen. Der göttliche Kern soll immer mehr zum Vorschein kommen, damit das kleine Ich des Menschen zurücktreten und das wahre Ich vom Du Gottes her zum Vorschein kommen kann. Das Zulassen dieses göttlichen Wirkens betrifft nie nur den Einzelnen, sondern immer auch den anderen und damit die ganze Gesellschaft.

Zusammengefasst: Da der Mensch zum Nein gegen das göttliche Wirken in ihm neigt, muss er zum Umsetzen des göttlichen Willens und damit seines eigenen Wesensvollzuges von innerweltlichen Blockaden befreit und von der Gottferne erlöst werden. Er sündigt nicht nur in einzelnen Taten, sondern sein ganzes Wesen ist auf Abwehr gegen Gott ausgerichtet. Sein tiefstes Inneres ist „angeschlagen“. Zur Überwindung dieser inneren Störung bedarf es der göttlichen Unterstützung, theologisch gesprochen, der Gnade Gottes. Diese Gnade entspringt dem göttlichen Geist. Aus diesem Geist heraus hat der Gottessohn den Gehorsam seinem Vater gegenüber durchgehalten und so den menschlichen Ungehorsam Gott gegenüber, der die Weltgeschichte seit dem Ungehorsam Adams durchzieht, überwunden. Darin besteht die Erlösung: in der durchgehaltenen Liebe, die den Menschen aus der Gottferne und dem Egozentrismus befreit.

Erlösung durch das Kreuz?

Manche fragen sich, warum Jesus Christus einen so qualvollen Tod sterben musste und ob Erlösung nicht auch anders gegangen wäre. Was bedeutet es, dass er für die Menschen am Kreuz gestorben und der Mensch dadurch von seinen Sünden erlöst ist? Die Menschen verstehen diese theologischen Floskeln nicht, sie spüren nichts von dieser Erlösung und sehen auch nicht sehr erlöst aus. So hat es schon Friedrich Nietzsche bemerkt, dass die Christen doch erlöster aussehen müssten. Was ist also Erlösung durch das Kreuz? Im letzten Kapitel wurde eine erste Antwort gegeben, dass das Kreuz Ausdruck der durchgehaltenen Liebe ist. „Von Gott her ist das Kreuz das radikalste Zeichen dafür, daß er das Angebot seiner Liebe auch für eine sich verweigernde Welt durchhält und sich eher kreuzigen läßt, als den Willen zur Gemeinschaft mit ihr zurückzuziehen, kurz: daß sein Ja stärker ist als das menschliche Nein.“[31]

Vielleicht sollte man aber noch etwas weiter ausholen: Im Alten Testament wird von den Propheten immer wieder angekündigt, dass eines Tages der Messias kommen werde, der das Volk Israel und die Welt rettet und erlöst. In der Person Jesu Christi ist nach dem Glauben der Christen dieser Messias erschienen, viele Juden glauben nicht an diesen Messias. Er hat die Welt nicht äußerlich gerettet, sondern innerlich. Im Buch des Propheten Jesaja heißt im Alten Testament über ihn: „Der Geist des Herrn lässt sich nieder auf ihm: der Geist der Weisheit und der Einsicht, der Geist des Rates und der Stärke, der Geist der Erkenntnis und der Gottesfurcht“ (Jes 11,1–2).

Das Heil, das von diesem Messias ausgeht und das die schon mehrfach erwähnte Einsicht und Erkenntnis bringen soll, ist bereits in langen poetischen Versen des Alten Testaments beschrieben: „Die Wüste und das trockene Land sollen sich freuen, die Steppe soll jubeln und blühen ... Sagt den Verzagten: Habt Mut, fürchtet euch nicht! Seht, hier ist euer Gott! ... Dann werden die Augen der Blinden geöffnet, auch die Ohren der Tauben sind wieder offen. Dann springt der Lahme wie ein Hirsch, die Zunge des Stummen jauchzt auf ... Die vom Herrn Befreiten kehren zurück und kommen voll Jubel nach Zion. Ewige Freude ruht auf ihren Häuptern. Wonne und Freude stellen sich ein, Kummer und Seufzen entfliehen“ (Jes 35,1–10).

Dass diese Erlösung und Heilung von innen her gemeint ist und weder äußerlich noch politisch oder militärisch, zeigt sich am besten in den harten Streitgesprächen Jesu mit den Pharisäern, die nur auf das Äußere bedacht sind. Er beschimpft sie als Heuchler, da sie sich nur äußerlich an das Gesetz halten, ihr Inneres aber weit weg ist von Gott. Siebenmal ruft Jesus aus: „Weh euch, ihr Schriftgelehrten und Pharisäer, ihr Heuchler!“ (Mt 23,13–29) „Blinde Führer seid ihr“ (Mt 23,24). „Du blinder Pharisäer! Mach den Becher zuerst innen sauber, dann ist er auch außen rein“ (Mt 24,25). „Ihr seid wie die Gräber, die außen weiß angestrichen sind und schön aussehen; innen aber sind sie voll Knochen, Schmutz und Verwesung. So erscheint auch ihr vor den Menschen gerecht, innen aber seid ihr voll Heuchelei und Ungehorsam gegen Gottes Gesetz“ (Mt 23,28).

Mit diesem Frontalangriff hat er sich Feinde gemacht. „Da kamen die Pharisäer und begannen ein Streitgespräch mit ihm“ (Mk 8,11). Er hat die Dinge beim Namen genannt, wie sie von Gott her gemeint sind. Das hat den religiösen Führern nicht gefallen. Sie hatten wohl eine äußere politische Befreiung von der römischen Herrschaft erwartet, wie damals jene aus der Knechtschaft Ägyptens. Judas hat ihn womöglich aus dieser Enttäuschung heraus verraten.

Außerdem haben sie ihn der Gotteslästerung angeklagt, weil er Sünden vergeben hat. „Wer ist das, dass er eine solche Gotteslästerung wagt?“ (Lk 5,21). Diesen Menschen wollen sie aus der Welt schaffen: „Da gingen die Pharisäer hinaus und fassten ... den Beschluss, Jesus umzubringen“ (Mk 3,6). Der Kreuzestod war die Folge davon. Es ist der schmachvollste Tod. „Ihr wisst, dass in zwei Tagen das Paschafest beginnt, da wird der Menschensohn ausgeliefert und gekreuzigt“ (Mt 26,2). „Dann kreuzigten sie ihn“ (Mk 15,24). So wurde das Kreuz zum zentralen Symbol des Christentums. Viele fragen sich, warum es gerade dieser Tod sein musste. Der Mensch erschrickt vor dieser Brutalität. Vielen macht das Kreuz Angst.

Ist es aber die Brutalität Gottes, der seinen Sohn opfert, oder die Brutalität der Menschen, die sich innerlich nicht bekehren wollen? Es ist Zeichen der Brutalität der Menschen und das Bild der durchgehaltenen Liebe und Solidarität mit den Leidenden. Biblisch gibt es dazu das schöne Bild vom Guten Hirten: „Ich bin der gute Hirt. Der gute Hirt gibt sein Leben hin für die Schafe. Der bezahlte Knecht aber, der nicht Hirt ist, und dem die Schafe nicht gehören, lässt die Schafe im Stich und flieht, wenn er den Wolf kommen sieht; und der Wolf reißt sie und jagt sie auseinander. Er flieht, weil er nur ein bezahlter Knecht ist und ihm an den Schafen nichts liegt" (Joh 10,11–12).

Jesus liegt etwas an seinen Schafen und deswegen geht er seinen Weg mutig und tapfer weiter bis zum Kreuz. Er weicht vor dem Bösen nicht zurück und überwindet es so. Das Kreuz ist gerade für Leidende und Kranke oft ein Zeichen von Trost und Hoffnung. Gott selbst hat in der Person Jesu Christi gelitten, er hat sich dem Bösen gestellt, er ist dem Leid und Schmerz dieser Welt nicht ausgewichen, er weiß, was Leiden heißt, er kennt Einsamkeit, Ausgestoßenheit und Verurteilung. Gerade für Menschen in Grenzsituationen ihres Lebens, in Armut, Krankheit, Gefangensein oder am Rande der Gesellschaft lebend, kann dieser Gott Trost und Hilfe sein.

Zusammengefasst: Jesus Christus hatte nur eine Aufgabe – den Willen des Vaters zu tun. Er kam aus dem ewigen Bereich Gottes von „drüben" in diese Welt und wurde Mensch wie wir alle. Er weiß, wer Gott ist, er kommt vom Vater. Er sollte Zeugnis geben von der Wahrheit (Joh 18,37) und der Liebe. Er hat den Weg zum Leben aufgezeigt, er war das Leben. „Er war in der Welt ... aber die Welt erkannte ihn nicht" (Joh 1,10), „er kam in sein Eigentum, aber die Seinen nahmen ihn nicht auf" (Joh 1,11). Sie bekämpften ihn. Wo die Wahrheit und das Gute erscheinen, kommen auch die Lüge und das Böse ans Licht. Das macht aggressiv. Dieser Aggression und dem Bösen ist er nicht ausgewichen. Erlösung ist die angesichts des Bösen durchgehaltene Liebe, die nicht zurückweicht. Das ist etwas sehr Souveränes und Starkes, nichts Schwächliches. Der Sohn Gottes hat sich im Leiden in die äußerste Gottferne begeben: „Mein Gott, mein Gott, warum hast Du mich verlassen?“ (Mk 15,34). Er wollte auch die ganz von Gott abgewandten Menschen aus ihrer Gottferne erlösen: „Er hat den, der keine Sünde kannte, für uns zur Sünde gemacht, damit wir in ihm Gerechtigkeit Gottes würden“ (2 Kor 5,21). So ist Erlösung universal und umgreift alle Menschen, auch die von Gott abgewendeten und bösen. Erlösung geschieht nicht allein durch das Kreuz, sondern vor allem durch das Ereignis, das vom Christentum als Auferstehung bezeichnet wird. Erlösung geschieht durch Kreuz *und* Auferstehung.

Auferstehung

Nach der Kreuzigung Jesu und einem dreitägigen Schweigen geschieht das Unglaubliche und Ungeheuerliche, das alle Vernunft und alle wissenschaftliche Beweisbarkeit überschreitet. Menschen, die den irdischen Jesus auf dieser Welt erlebt haben, berichten davon, dass er drei Tage nach seinem schmachvollen Tod seinen Freunden, seiner Mutter, den Jüngern, den Frauen und vielen anderen Personen wieder erschienen ist. Das gibt es in keiner anderen Religion.

Jesus Christus erscheint unerkannt der Maria Magdalena, die zum leeren Grab kommt. Sie hält ihn für den Gärtner (Joh 20,15). Er aber nennt sie bei ihrem Namen: „Maria.“ Da erkennt sie ihn. Zwei Männern auf dem Weg von Jerusalem nach Emmaus erscheint er als ein Dritter, der sich zu ihnen – ebenfalls unerkannt – gesellt und mit ihnen ein Stück des Weges geht (Lk 24,13–35). Sie klagen ihm ihr Leid und erzählen, wie furchtbar das ist, dass derjenige, den viele für den Retter Israels gehalten haben (den Messias), gekreuzigt und umgebracht worden ist. Der Fremde hört ihnen zu, erläutert ihnen die Tradition des Volkes Israel und warum das alles so kommen musste. Dann isst er mit ihnen zu Abend und bricht das Brot mit ihnen. Dies ist seine zentrale Geste vom letzten Abendmahl: „Dann brach er das Brot, reichte es seinen Jüngern und sagte: ‚Nehmt und esst; das ist mein Leib'" (Mt 26,26–29). Daran erkennen sie ihn.

Weiters erscheint er den Jüngern beim Fischfang (Joh 21,4). Sie sind verzweifelt über das, was geschehen ist. Sie wissen nicht, was sie machen sollen. Sie hatten alles für diesen Menschen aufgegeben. Jetzt ist er tot. Für sie ist alles zu Ende. In ihrer Verzweiflung machen sie wieder das, was sie gelernt haben: Sie gehen fischen, aber in dieser Nacht fangen sie nichts. Es ist die zweite große Enttäuschung. Und dann steht ein Unbekannter am Ufer, von dem es lakonisch heißt: „Als es schon Morgen wurde, stand Jesus am Ufer" (Joh 21,4). Sie erkennen ihn nicht, werfen aber auf sein Wort hin die Netze erneut aus und diese sind so voll, dass sie sie kaum an Land ziehen können.

Jetzt erkennen sie ihn an den Auswirkungen seines Wortes, noch einmal hinauszufahren. Sein Wort wirkt. Plötzlich fangen sie wieder Fische und zwar mehr denn je. Andere erkennen ihn an seiner Stimme, an bestimmten Taten, an bestimmten Wesenszügen. Schließlich ist es Thomas – den die Tradition „den Ungläubigen" nennt, weil er ganz zu Recht das unglaubliche Geschehen dieser Auferstehung nicht fassen kann –, dem Jesus Christus seine irdischen Wundmale zeigt. Er zeigt seine Wunden und stellt damit eine Kontinuität zwischen seinem irdischen Leben und dem transformierten Leben der Auferstehung her.

Ohne dieses transformierte Wiedererscheinen, ohne diese „Auferstehung von den Toten", wie das Christentum es nennt, wüssten wir nichts von der Person Jesu und es gäbe das Christentum nicht. Mit dem Kreuzestod wäre alles zu Ende gewesen.

Niemand hätte davon berichtet. Erst von der Auferstehung her, die eine Verwandlung durch den Tod hindurch darstellt, bekommt die Kreuzigung ihren Sinn und ihre dauerhafte Botschaft. Auferstehung meint, dass das irdische Leben nicht beendet, sondern verwandelt und vollendet wird.

Für einen innerweltlich naturwissenschaftlich aufgeklärten Blick erinnern alle diese Geschichten von den Erscheinungen mehr an Halluzinationen als an eine ernst zu nehmende „Tatsache" oder die Wirklichkeit. Sie sind für den Alltagsverstand unverständlich und unglaubhaft. Fast alle Geschichten, die von diesen Erscheinungen erzählen, bringen auch damals schon dieses Unverständnis zum Ausdruck. Es ist von „Furcht und Angst" die Rede, von „Schrecken und Entsetzen" (Mk 16,8), von Zweifeln über das Geschwätz der Frauen, denen die Apostel nicht glauben (Lk 24,11), vom Misstrauen gegenüber allen, die vom leeren Grab berichten (Joh 20,1–10).

Paradigmatisch für dieses ungläubige Zweifeln steht, wie schon erwähnt, der Apostel Thomas, der sagt, dass er all das nicht glauben könne, wenn er nicht die Person Jesu mit seinen eigenen Händen an seinen irdischen Wundmalen berühren könne (Joh 20,24–29). Diese Bitte wird ihm gewährt. Er glaubt nur, wenn er es sieht und fühlt. Was man sieht, muss man aber nicht glauben, deshalb heißt es: „Selig, die nicht sehen und doch glauben" (Joh 20,29). Es geht um den Glauben, dass Jesus Christus den Zeugen erschienen ist. Thomas sieht ihn selbst und kommt vom Sehen zum „Glauben", von der Ungläubigkeit zum Erkennen. Er legt seine Hände in die Wunden und kommt so zum Be-greifen.

Dieses Geschehen der Auferstehung ist zum einen das – im wörtlichen Sinn – Unglaublichste, das es in der Weltgeschichte je gegeben hat, und zugleich das Zentrum des christlichen Glaubens. Man kann dieses Ereignis als Unfug oder als eine Erfindung des Menschen ablehnen oder man vertraut den Zeugen, die davon berichten. Denn das ist der einzige Zugang zu diesem Geschehen:

die Zeugenschaft der Jünger, der Freunde und vieler anderer. Hier geht es um eine zentrale Frage des christlichen Glaubens. Es geht um das Zeugnis von Menschen, die berichten, dass sich in ihrem Leben etwas Wesentliches ereignet hat, und dass sie dem Auferstandenen begegnet sind. Ihre Glaubwürdigkeit steht zur Debatte, sie allein ist der Zugang zu den Geschehnissen. Sie könnten Halluzinationen gehabt oder etwas erfunden haben. Aber warum sollten sie das tun? Die Forschung hat das alles hinterfragt. Es waren viele unabhängige Zeugen.

Immerhin wird heute die Zeit gerechnet nach Christi Geburt und nicht mehr nach der Gründung der Stadt Rom. Und es hat eine große religiöse, kulturelle, ethische und auch spirituelle Entwicklung stattgefunden mit romanischen und gotischen Kathedralen, Kirchen und Kunstwerken aus der Renaissance und dem Barock. Musikgeschichtlich hat der Gregorianische Choral die Grundlage gelegt für die spätere mehrstimmige Musik von Palästrina, Bach, Mozart, Beethoven, Schubert. Schließlich gab es die ethischen Errungenschaften mit Menschenwürde und Menschenrechten, aber es hat leider auch negative Auswirkungen gegeben mit Konfessionskriegen und vielem anderen.

Zusammenfassend kann man so sagen: Das Neue Testament ist in gewisser Weise von hinten zu lesen. Es berichtet von einem Mann, der die Botschaft vom Reich Gottes verkündet, der von Erkenntnis und Einsicht spricht, von der inneren Stärkung des Menschen, vom Vertrauen des Glaubens, der Kranke heilt, predigt, Jünger in seine Nachfolge beruft und den viele Menschen für den Sohn Gottes halten, weil er das vollzieht, was schon im Alten Testament angekündigt war. Deshalb bekennen sie: „Du bist der Messias, der Sohn des lebendigen Gottes“ (Mt 16,16). Dieser Mensch wird auf die schmachvollste Weise ermordet und stirbt einsam am Kreuz. Allein durch die Auferstehung wurde seine Geschichte weitererzählt, die Glaubwürdigkeit der Zeugen überprüft.

Ihre mündlichen Aussagen werden fünfzig oder sechzig Jahre nach dem Tod Jesu aufgeschrieben.[32] So lebt die Kirche bis heute von den Berichten jener Menschen, die erzählen, dass sich in ihrem Leben etwas Lebensveränderndes ereignet hat, dass sie Jesus Christus begegnet sind.

Lässt man sich auf diese Begegnung und das Wirken des Heiligen Geistes ein, kann sich auch heute im Menschen alles verändern. Verweigert man sich, wird man nichts erfahren. Mit einem Wort von Augustinus, frei paraphrasiert: Die Wahrheit bricht sich Bahn. Dem, der sich ihr öffnet, eröffnet sie sich, dem, der sich ihr verschließt, verschließt sie sich. All das kann naturwissenschaftlich nicht bewiesen werden, wie auch Gott oder die Liebe zweier Menschen nicht bewiesen werden kann. Aber es gibt Hinweise auf die Glaubwürdigkeit der Zeugen und die Möglichkeit der eigenen Erfahrung. Der Einzelne kann sich entscheiden.

7. Das Leid in der Welt

Oft stellt sich angesichts des großen Leides in der Welt die Frage, warum Gott nicht eingreift. Es taucht die Theodizee-Frage auf, warum der gute und allmächtige Gott nicht in die Weltgeschichte mit ihrem übergroßen Leid eingreift. Entweder ist er nicht gut oder nicht allmächtig. Wenn er nicht eingreifen kann, wäre er nicht allmächtig. Wenn er zwar eingreifen könnte, aber es nicht tut, wäre er nicht gut. Er wäre zynisch und würde dem Leiden der Menschen tatenlos zuschauen. Da Letzteres von einem guten Gott nicht anzunehmen ist, bleibt wohl nur die erste Lösung: Offensichtlich kann er nicht eingreifen, wenn der Mensch sich verweigert.

Er will oder kann gegen die Freiheit des Menschen nicht einschreiten. Er will den Menschen nicht zwingen, sich ihm zuzuwenden. Das widerspricht der Liebe. Die Liebe zwingt nicht, und Liebe kann man nicht erzwingen, nicht einmal mit Waffengewalt. Liebe kann nur von innen in Freiheit erwidert werden. Gott will keine Marionetten, sondern freie Menschen. Das ist sein Risiko, das ist der Preis der Liebe.[33] Dieses Risiko hat zur Katastrophe geführt, sodass Gott selbst – wie es im Alten Testament heißt – unglücklich darüber war, dass er den Menschen gemacht hat. „Es reute Gott, dass er den Menschen geschaffen hat" (Gen 6,6). Es kam die Sintflut, aber die Welt blieb schließlich doch verschont.

Letztlich hat Gott sich dann doch in die Welt eingemischt. Sein Wort ist Mensch geworden, hat das Leben eines Menschen gelebt und sich dem Bösen in seiner ganzen Brutalität gestellt. Er hat das Leid damit nicht aus der Welt geschafft, aber sich selbst diesem Leiden unterworfen. Der Mensch ist ihm nicht gleichgültig. Er leidet mit ihm das Leid der Welt aus. Da er den Menschen nicht zwingen kann, sich ihm zuzuwenden, kann er das Böse wohl nur von innen her auflösen, indem er sich in das Böse verwickeln lässt, darin untergeht und es so von innen her „aufbricht".

Dies ist die grundsätzliche Frage nach dem Leiden Jesu. Die andere Frage ist jene nach dem Sinn des persönlichen Leides des Einzelnen. Dieses kann durchaus einen Sinn haben. So wie auch Schmerz und Krankheit auf etwas hinweisen können, das im Leben zu ändern wäre. Der Mensch kann im Leiden erkennen, dass er womöglich vom Weg abgewichen ist. Der verlorene Sohn (Lk 15,11–32) hat sich weit vom göttlichen Vater entfernt. Er bekommt Hunger und frisst aus dem Schweinetrog. Er geht zugrunde. Er leidet. Er merkt, dass er umkehren muss, wenn er leben will. Aus der Not und dem Zugrundegehen heraus kommt er auf den letzten Grund des Seins. Von diesem Grund aus kann er neu aufbrechen und zum Vater zurückkehren. Der Vater nimmt ihn freudig auf.

Der Sohn kehrt zunächst wegen des Hungers um, hat aber auch eine tiefere Einsicht in sein Fehlverhalten. Die liebevolle Aufnahme des Vaters überwältigt ihn, er hatte wohl eher Zorn erwartet. Der Vater nimmt ihn wieder als Sohn an, es kommt zur vollständigen Versöhnung. Von der Liebe und großzügigen Barmherzigkeit des Vaters überwältigt und vom Grund seiner eigenen Seele getragen, findet er zu seinem eigentlichen Leben zurück. Leiden kann bescheiden machen. Jemand kann auch für einen anderen Menschen etwas ausleiden, oft stellvertretend. Primär sollte es aber um Beseitigung von Leiden gehen und nicht um seine Verherrlichung im Sinne einer Leidensmystik. Krankheiten können ebenfalls einen Sinn haben, wie im Kapitel über Christentum und Medizin ausgeführt wird. Letztlich hängen Leiden und Krankheiten auch mit der Endlichkeit der Welt zusammen.

8. Maria

Maria war das Paradebeispiel eines Menschen, der sich ganz dem Willen Gottes geöffnet hat: „Mir geschehe nach Deinem Wort" (Lk 1,38). Sie steht auf der Seite der Geschöpfe und nicht auf der Seite des Schöpfers. Sie ist die Mutter des menschgewordenen Wortes Gottes. Sie ist nicht die Mutter Gottes im Sinne der Mutter des dreifaltigen Gottes. Sie gebiert das göttliche Wort als Mensch. Damit sie das in aller Reinheit tun konnte, war sie in besonderer Weise aus dem Verstrickungszusammenhang dessen, was die Kirche als „Erbsünde" bezeichnet, herausgenommen. Diese Erbsünde wird im Lateinischen als Ursünde oder Ursprungssünde *(peccatum originale)* bezeichnet. Diese geht aus der ersten Sünde im Paradies hervor, dass der Mensch sich abkoppelt von Gott.

Diese Abkoppelung führt zu Überheblichkeit, Stolz und Hybris des Menschen. Er meint, er könne alles aus sich selbst heraus bewältigen, ohne Gott oder sogar gegen Gott. Er will sein wie Gott. So lautet auch das Versprechen der Schlange im Paradies: „Ihr werdet wie Gott" (Gen 3,5). Der Mensch löst sich von Gott, er misstraut ihm, dass er es gut mit ihm meint, er will sich nichts sagen lassen. Er will alles alleine machen. Das ist das Problem bis heute, es ist fast eine Grundstruktur des Menschen geworden. Am Ende ist der Mensch aber nicht wie Gott, sondern erkennt sich als hilflos, angstbesetzt und nackt. Er scheitert.

Maria ist genau das Gegenteil: Sie ist bescheiden, demütig und lässt sich von Gott etwas sagen: „Mir geschehe, wie Du gesagt hast" (Lk 1,38). Sie ist ausersehen, das Wort Gottes als Mensch leibhaftig zur Welt zu bringen. Damit sie das kann, ist sie von der ursprünglichen Tendenz des Menschen zum Hochmut, zur Abwendung von Gott und von den zwischenmenschlichen und geschichtlichen Verstrickungen befreit. Das sagt das Dogma von der Unbefleckten Empfängnis. Durch diese besondere Begnadung und Begabung war sie womöglich offener und unverstellter für das Austragen des Wortes Gottes. Dennoch hätte sie auch Nein zu ihrem Auftrag sagen können. Sie sagt Ja und durchlebt alle Höhen und Tiefen des menschlichen Lebens. Schon zu Beginn wird ihr etwas gesagt über die Größe ihrer Berufung, aber auch, dass ein Schwert ihre Seele durchdringen wird (Lk 2,35). Sie leidet mit ihrem Sohn alles aus und geht seinen Weg mit bis zum Kreuz. So wird sie zur Miterlöserin.

9. Sakramente als Symbole der Integration

Wurde bisher von den Tugenden des Aristoteles gesprochen, dann von den christlichen von Glaube, Hoffnung und Liebe sowie von ihrem Vollzug im täglichen Leben, geht es jetzt um die Nahrung und die geistige Speise im täglichen Kampf, die der Mensch braucht, damit er das ganze Leben bewältigen kann. Das Leben ist ein Marathonlauf und jeder braucht unterwegs Nahrung. So stellt sich die Frage, wie der Mensch von den Glaubensinhalten zum Glaubensvollzug und jetzt von dort aus zur Nahrung und den Heilmitteln im Alltag kommt.

Sakramente[34] sind Heilmittel für das ganze Leben. So wie Medikamente Mittel zur „Heilung" von Krankheiten sind, sind Sakramente heilige Mittel, die helfen sollen, dass das Leben des Menschen zur Erfüllung kommt. Das zentrale Sakrament ist jenes, das die Christen als Kirche bezeichnen. Diese sollte – mit einem etwas eigenartigen Begriff – eine Heil-Anstalt, eine Heilungsgemeinschaft sein. Sakramente sind göttliche Zeichen, die im Medium des Sichtbaren etwas Unsichtbares aussagen. Das nennt man ein Symbol, im Unterschied zum Zeichen. Das Zeichen (zum Beispiel ein Verkehrszeichen) weist von sich weg auf etwas anderes hin, zum Beispiel auf den Ort, den man erreichen will. Ein Symbol hingegen enthält dasjenige in sich, worauf es hinweist, so wie der Windsack den Wind enthält, auf den er hinweist. Ein Symbol ist in dem Sinne mehr als die sichtbare Wirklichkeit, es verbindet Sichtbares und Unsichtbares. Ursprünglich bestand das Symbol aus zwei zerbrochenen Tonscheiben, an deren Zusammenpassen man später die Zusammengehörigkeit erkannte. Sakramente können nur gemeinsam gefeiert werden. Christentum ist eine Religion der Gemeinschaft, aber auch der Hochschätzung des Einzelnen. Jeder ist wichtig und von Gott angenommen. Jeder Mensch hat seine individuelle Berufung. Dieser Aspekt wird im Buch stärker akzentuiert.

Symbole als Sakramente haben eine äußere sichtbare Materie und Gestalt (Wasser, Brot, Wein, Salbe) sowie eine innere Form und einen unsichtbaren Gehalt. Das Sakrament wirkt durch die vollzogene Handlung des Priesters. Sie wirken, wenn sie in rechten Absicht gespendet und empfangen werden. Letztlich wirkt in allen Sakramenten nach der Lehre der Kirche der Heilige Geist. Er selbst ist unsichtbar, aber nicht unwirksam. Auch Luft ist unsichtbar, aber wirksam und lebensnotwendig. Der Heilige Geist, der im Innersten des Menschen als Seelengrund „wohnt", stellt einerseits den Resonanzboden für das von außen kommende Wort Gottes dar und er „wirkt" in den Sakramenten. Der Mensch kann Sakramente in sich aufnehmen (Eucharistie) oder von außen auf sich wirken lassen (Taufe, Krankensalbung). Der Mensch wird so hineingenommen in ein göttliches Geschehen und kann das vollziehen, was Blaise Pascal meint, wenn er sagt, dass der Mensch den Menschen um ein Unendliches übersteigt. In jedem Fall geht es bei den Sakramenten um Symbole, die die gesamte Existenz des Menschen betreffen. Ob der aufgeklärte Mensch aber noch einen Zugang zu diesen Symbolen und Ritualen hat?

Taufe

Die Taufe ist das Grundsakrament, das den Menschen aufnimmt in die Gemeinschaft der Christen. Sie werden getauft mit dem Heiligen Geist, der durch das sichtbare Wasser symbolisiert wird. Diesen Heiligen Geist sieht man nicht, wie man auch den menschlichen Geist nicht sieht. Gedanken kann man nicht sehen, sie haben keine

Ausdehnung. Sehen kann man ein Gehirn und die Materie, nicht den Geist. Über das Nicht-Sichtbare heißt es schon bei Matthias Claudius (1740–1815): „Seht ihr den Mond dort stehen? Er ist nur halb zu sehen, und ist doch rund und schön. So sind wohl manche Sachen, die wir getrost belachen, weil unsre Augen sie nicht sehen."[35] So ist es auch mit dem göttlichen Geist. Man kann ihn nicht sehen, aber seine Auswirkungen sind erfahrbar.

Durch die Worte des Priesters wird die sichtbare Materie des Wassers mit dem unsichtbaren Gehalt des Geistes verbunden. Das sichtbare Wasser steht für Leben, Reinheit, Untergang und Rettung; das bedeutet geistig-geistlich gesehen die Hinfindung des Menschen zur Gesamtheit des Lebens mit seinen Höhen und Tiefen, zur Klarheit der Reinigung sowie zur äußeren und inneren Befreiung. So ist eine erste Bedeutung von Wasser jene des Lebensnotwendigen. Wasser ist jene Flüssigkeit, die der Mensch unbedingt zum Leben braucht. Er braucht auch die im Wasser gelösten Salze, die er nicht sieht. Von destilliertem Wasser kann er nicht leben, er stirbt. Mehr als zwei Tage kann der Mensch ohne Wasser überhaupt nicht überleben, er trocknet aus. Wasser ist lebensnotwendig. Weltraumforscher suchen auf anderen Planeten immer zuerst nach Wasser. Ohne Wasser gibt es kein Leben.

Zweitens dient Wasser der Reinigung. Dass es Wasser zum Waschen gibt, ist für viele Menschen selbstverständlich. Was es bedeutet, sich nicht waschen zu können, weiß man erst, wenn man einmal kein Wasser hat. Wasser hat im Kontext der Taufe die übertragene Bedeutung, dass der Mensch gereinigt werden soll von all den Verstrickungszusammenhängen, in die er hineingeboren wird. Er soll befreit werden von dem, was die Kirche Erbsünde nennt. Die Welt ist nicht in Ordnung, sie ist durch die Freiheitsentscheidungen der Menschen in Unordnung geraten.

Diese Verstrickungen kommen dadurch zustande, dass Eltern und frühere Generationen ihre nicht aufgelösten Konflikte auf die nächste Generation übertragen. Kein Mensch fängt bei null an, sondern wird immer in schon Vorhandenes hineingeboren. Aus naturwissenschaftlichen Untersuchungen weiß man, dass diese Einflüsse der vorangehenden Generationen sogar bis in die genetischen Verschaltungen[36] hinein nachweisbar sind. Neugeborene Kinder können nichts dafür, deshalb hat auch der Begriff „Erbsünde" nichts mit persönlicher Schuld zu tun, sondern beschreibt den unheilvollen Zustand der Welt, der sich durch die Generationen durchhält. Davon sollen Menschen durch die Taufe befreit und erlöst werden.

Wasser ist also lebensnotwendig zum Leben und zum Reinigen. Wasser hat aber auch eine gewaltige zerstörerische Macht, wie Überschwemmungen, Tsunamis und letztlich auch die Geschichte von der Sintflut im Alten Testament zeigen. Die zerstörerische Dynamik des Wassers führt auch in der Geschichte der Befreiung Israels im Durchzug durch das Rote Meer zur Vernichtung der Fremdherrschaft der Ägypter (Ex 14,26–28). Dieses Wasser hat insofern ebenfalls reinigende und befreiende Kraft, als es von der äußeren Unterdrückung befreit.

Dann hat Wasser auch zwei „innerseelische" Bedeutungen, die an die innere Befreiung des Menschen erinnern. Menschen kommen im Leben in schwierige Situationen. Sie kommen in die Krise und womöglich alleine nicht mehr heraus. Das Wasser steht ihnen sprichwörtlich bis zum Hals und sie drohen zu ertrinken. Sie werden untergetaucht. Dies ist eine existenziell bedrohliche Krise. Diese wird aufgenommen im Symbol der Taufe. In den USA gibt es bei vielen Erwachsenentaufen große Becken, wo der Täufling auf der einen Seite hineingeführt, ganz untergetaucht und schließlich auf der anderen Seite wieder herausgeführt wird. Letztlich ist es Gott selbst, der aus der Krise herausführt, das Rettende kommt von ihm.[37]

Schließlich steht das Wasser der Taufe für den Durchgang durch das Unbewusste und Verdrängte im Menschen. Im Laufe des Lebens muss der Mensch vieles verdrängen, was er nicht wahrhaben kann oder was für ihn unerträglich ist. Dieses Verdrängte schlummert tief im Unbewussten und kann mit der Zeit Störsignale senden. Das Verdrängte, Dunkle und die Schattenseiten der Seele sollten aus dem Unbewussten ins Bewusstsein kommen, damit sie ihre zerstörerischen Kräfte verlieren.

Daher muss der Mensch dorthinein abtauchen, wo er nicht gerne hinschaut und wo das Dunkle und Unaufgearbeitete in der Seele wirkt. Gott selbst – so kann man die Taufe interpretieren – führt den Menschen durch diese Unterwelt der Schattenseite der Seele hindurch und rettet den Menschen vor dem Dunklen und erlöst das Unerlöste. Daher heißt es auch im christlichen Glaubensbekenntnis „hinabgestiegen in das Reich des Todes". Tod meint hier nicht nur den physischen Tod, sondern auch das innerseelisch Tote und Unerlöste. Der Mensch soll sich dem göttlichen Führer anvertrauen und aus diesem Vertrauen heraus kann er sich dem Dunklen und Verdrängten stellen. Er wird durch das Dunkle hindurchgeführt, wie schon in der griechischen Mythologie durch den Hades. So kommt das Dunkle ans Licht und kann sich in fruchtbaren Boden verwandeln. Die dunklen Seiten der Seele bergen auch kreative Elemente.

Wird das Schattenhafte und Verdrängte nicht erlöst und bleibt im Unbewussten, führt es zu jenen Störsignalen, die zu Depressionen führen können oder aber zu den Projektionen, die den Menschen dazu veranlassen, dem anderen das vorzuwerfen, was er an sich selbst nicht wahrhaben will. Diese Projektionen werden im Neuen Testament hart kritisiert: „Warum siehst du den Splitter im Auge deines Bruders, aber den Balken in deinem eigenen Auge bemerkst du nicht? ... Du Heuchler! Zieh zuerst den Balken aus deinem Auge, dann kannst Du versuchen, den Splitter aus dem Auge deines Bruders herauszuziehen" (Lk 6,41–42). Der Mensch hat also eine ethische Verpflichtung, an diesen innerseelischen Prozessen zu arbeiten, da eine Nicht-Aufarbeitung ihm selbst und den anderen Menschen (Nachkommen) schadet.

Zusammengefasst: Die Taufe ist einerseits ein einmaliges Ereignis und muss dennoch in ihrer existenziellen Dimension jeden Tag neu eingeholt werden. Das rettende und befreiende Handeln Gottes beginnt mit Jahwe und dem Volk Israel. Im Neuen Testament wird die Befreiung weitergeführt zur inneren Befreiung jedes Einzelnen aus der Knechtschaft des Verdrängten, Dunklen, Verstellten. Durch das Sakrament der Taufe soll der Mensch hinfinden zu einem Leben in der Gemeinschaft mit Gott. Gott selbst erlöst den Menschen dazu hin. Er erlöst ihn aus der Gottferne zur Gottesnähe. Diese führt den Menschen zu einem besseren Selbstverhältnis und so zum besseren Verhältnis zum Nächsten. Der Mensch wird gereinigt von den alten Verstrickungen seiner Geschichte und aus der todbringenden Gottesferne zu einem neuen Leben erlöst, das ein Leben in Fülle ist (Joh 10,10).

Im Lebensvollzug kann in einer Krise eine gute Psychotherapie bei der Aufarbeitung von Verdrängtem helfen. Diese sollte aber nicht bei der rein psychologischen Aufarbeitung stehen bleiben, sondern Raum schaffen für die spirituelle Dimension des Menschen. Nur so wird sie dem Menschen gerecht. Auf das ganze Leben bezogen bezeichnet die Taufe Lebensnotwendiges, Reinigendes, Befreiendes, Erlösendes bis tief in innerseelische Prozesse hinein. Es geht um die lebenslange Auflösung innerseelischer Prozesse hin zu einem erfüllten Leben.

Kommunion – Eucharistie

Das zweite Sakrament, das im Laufe des Lebens gespendet wird, ist die Kommunion. Der Begriff bedeutet Gemeinschaft. Gott will eine innige Gemeinschaft und Einheit mit dem Menschen. Was mit der

Taufe begonnen wurde, bekommt im Sakrament der Kommunion eine Vertiefung. Im katholischen Raum wird dieses Sakrament zum ersten Mal meist um das achte Lebensjahr gespendet. In der Orthodoxie werden die Sakramente der Taufe, Kommunion und Firmung schon sehr früh zusammen gespendet. Im Protestantismus gibt es nur Taufe und Abendmahl als Sakramente.

Die Kommunionfeier hat ihren Ursprung in der letzten Abendmahlfeier Jesu mit seinen Jüngern. Jesus selbst setzt diese Feier beim jüdischen Pessach-Fest ein. Es ist dies das große Fest des Judentums, in dem der Befreiung Israels aus Ägypten gedacht wird. Hier nimmt Jesus beim Mahl das Brot und spricht die Wandlungsworte: „Das ist mein Leib“ (Mt 26,26). Es ist wohl das am schwierigsten nachzuvollziehende Geschehen, dass Jesus selbst von diesem Brot als von seinem Leib spricht. Und zwar so, dass das Brot wahrlich innerlich verwandelt wird, während es äußerlich seine Gestalt behält. Die Theologie spricht hier von „Transsubstantiation“, dass also die innere Substanz sich ändert, während die äußere akzidentelle Gestalt bleibt. Das ist wohl für die meisten kaum verständlich. Vielleicht kann man es so übersetzen, dass Jesus sein Leben hingibt für seine Freunde und mit diesem Brot ein Erinnerungsmahl an seine Lebenshingabe einsetzt. Es heißt ja auch: „Tut dies zu meinem Gedächtnis“ (Lk 22,19). Vielleicht noch einmal anders übersetzt: Ich setze mein Leben ein, damit ihr zum Leben kommt. Ich leide darunter, wenn ihr nicht wirklich lebt und unglücklich seid. Ich will, dass ihr lebt. Ich bin das Leben.

Am Ende des Mahles nimmt Jesus den Kelch und spricht ebenso die Worte über den Wein: „Das ist mein Blut“ (Mt 26,28). Dieses Lebensblut steht für die Hingabe seines Lebens. Er vergießt sein ganzes Herzblut, um die Liebe, Wahrheit und Barmherzigkeit seines göttlichen Vaters vorzuleben. So wird der Wein zum Symbol des (Herz-)Blutes Christi. Es geht um ein Opfer. Und das ist die zweite Bedeutung dieser Feier. Sie ist eine Opferfeier. Aber was wird da geopfert? Dies könnte fälschlich auf ein Schlachtopfer hindeuten, das es im Alten Testament noch gab. Abraham soll seinen Sohn opfern als Zeichen seines Glaubens und seines absoluten Gottvertrauens. Er besteht die Prüfung und das Opfer bleibt ihm erspart. Er opfert dann einen Widder. Aber schon im Alten Testament soll das Schlachtopfer abgeschafft werden. „Liebe will ich, nicht Schlachtopfer“ (Hos 6,6).

So geht es beim Blut Jesu nicht um ein blutiges Schlachtopfer, sondern um ein geistiges Opfer. Er verzichtet darauf, seinen eigenen Willen durchzusetzen, und folgt dem Willen des Vaters. „Mein Speise ist es, den Willen dessen zu tun, der mich gesandt hat, und sein Werk zu Ende zu führen“ (Joh 4,34). Er setzt die Liebe des Vaters um: „Der Vater liebt den Sohn und hat alles in seine Hand gegeben“ (Joh 3,35). „Deshalb liebt mich der Vater, weil ich mein Leben hingebe“ (Joh 10,17). Es ist die Liebe, die lieber mit ihrem Blut für die anderen einsteht, als vor dem Bösen zurückzuweichen. „Da er die Seinen, die in der Welt waren, liebte, erwies er ihnen seine Liebe bis zur Vollendung“ (Joh 13,1). „Es gibt keine größere Liebe, als wenn einer sein Leben für seine Freunde hingibt“ (Joh 15,13). So ist das letzte Abendmahl eine Mahlfeier und eine Opferfeier, letztlich aber ein Liebesmahl. Die Erlösung besteht in der – wie erwähnt – bis zum Kreuzestod durchgehaltenen Liebe, die in der Auferstehung ihre Vollendung findet. Das Kreuz ist Zeichen dieser Liebe und nicht Ausdruck eines Schlachtopfers.

So wird auch bei diesem Sakrament etwas Sichtbares und Lebensnotwendiges genommen, um Unsichtbares zu verdeutlichen. Das Brot, das den Menschen physiologisch am Leben erhalten soll, wird zur geistig-geistlichen Nahrung. Dieses Brot der Eucharistiefeier ist ein göttliches und himmlisches Brot, es ist das lebendige Brot des Lebens Christi: „Ich bin das Brot des Lebens; wer zu mir kommt, wird nie mehr hungern“ (Joh 6,35). „Ich bin das lebendige Brot, das vom Himmel herabgekommen ist. Wer von diesem Brot isst, wird in Ewigkeit leben. Das Brot, das ich geben werde, ist mein Fleisch ... für das Leben der Welt" (Joh 6,51). In anderem Kontext heißt es: „Der Mensch lebt nicht nur vom Brot, sondern von jedem Wort, das aus Gottes Mund kommt" (Mt 4,4).

Er selbst verwandelt in jeder Messfeier durch die Worte des Priesters das Brot in seinen Leib und den Wein in sein Blut. Die Worte Jesu, die an seiner Stelle durch den Priester gesprochen werden, verändern die Wirklichkeit: Brot und Wein werden Leib und Blut Christi und beides steht für sein ganzes Leben, das er opfert, damit jeder Mensch zu seinem je individuellen Leben findet. Da der Priester die göttlichen Worte („Dies ist mein Leib") an der Stelle Christi spricht *(in persona Christi)*, ist sein Wirken in der katholischen und orthodoxen Tradition an das Sakrament der Priesterweihe gekoppelt. Letztlich verwandeln sich das göttliche Brot und der Wein, das der Mensch zu sich nimmt, in das Fleisch und Blut des Menschen, er wird „vergöttlicht". Der Volksmund drückt etwas Ähnliches aus, wenn er sagt, dass einem etwas in Fleisch und Blut übergeht.

Firmung

Das Sakrament der Firmung wird im katholischen Raum etwa um die Zeit der Pubertät gespendet. Bei den Protestanten ist es die Konfirmation. Hier ist der Mensch in seiner größten Umbruchsphase. Der zwölfjährige Jesus verlässt in dieser Zeit seine irdischen Eltern, um schrittweise in den Gehorsam seinem himmlischen Vater gegenüber einzutreten. Auf den Vorwurf seiner Eltern, dass er drei Tage verschwunden war, antwortet er. „Wusstet ihr nicht, dass ich in dem sein muss, was meinem Vater gehört?" (Lk 2,4). „Vater" und „Ursprung" sind im Aramäischen ein Wort. Er muss zurück zu seinem göttlichen Ursprung. Seine Eltern sind nicht sein Ursprung, unabhängig davon, dass Josef nicht sein Vater ist. Auch Maria ist nicht sein Ursprung, es ist Gott selbst. Maria hat ihn lediglich ausgetragen und ist insofern seine irdische Mutter.

So ergeht es auch jedem jungen Menschen. Er kommt in die Pubertät, alles gerät durcheinander, die Absolutheit der Eltern geht verloren und der Jugendliche will wissen, wohin er sich jetzt wenden soll. Wichtig ist, dass er in dieser Phase eine Orientierungshilfe hat. Diese muss innerweltlich vermittelt sein und über sich hinausweisen, da das Ziel des menschlichen Lebens über das rein Innerweltliche hinausragt. Idealerweise wendet sich der Jugendliche, der jetzt ins reproduktionsfähige Alter kommt und dessen Verantwortung zunimmt, ebenfalls vermehrt seinem göttlichen Ursprung zu, um von dort neuen und tieferen Halt zu finden.

Für diesen Übergang, der aus einer großen Phase der Desintegration eine neue und höhere Stufe der Integration erreichen soll, ist das Sakrament der Firmung da. Es soll den jungen Menschen stützen, begleiten, tieferen Halt geben und eine neue Ebene der Integration einleiten. Dies ist ein langer Prozess. Auch Jesus muss wieder zurück zu seinen Eltern und ist ihnen gehorsam. Ein Zwölfjähriger kann noch nicht alleine leben. Aber der Geist Gottes hat schon die Führung übernommen. Gerade die Firmung bringt das Wirken des Heiligen Geistes zum Ausdruck. Der Jugendliche wird mit dem Heiligen Geist gefirmt, wie er auch schon mit dem Heiligen Geist getauft wurde.

Die Gaben des Heiligen Geistes sind Einsicht, Erkenntnis, Weisheit, Rat, Stärke, Frömmigkeit, Gottesfurcht, Unterscheidung der Geister. Daher soll die Firmung den Menschen nicht nur stärken, sondern ihm auch zeigen, dass der christliche Glaube zu einer tieferen Erkenntnis und Einsicht führt: Erkenntnis in die Zusammenhänge der Welt, Erkenntnis der eigenen Person und Einsicht in das eigene Innenleben, Erkenntnis des anderen als des anderen, aber auch Erkenntnis Gottes. Der Mensch soll seine Projektionen und Bilder von sich selbst, vom anderen, aber auch von Gott immer wieder zurücknehmen und korrigieren lassen. Er soll sich kein Bild machen. So kann er sich selbst, den anderen und auch Gott schrittweise besser kennenlernen.

Vor allem soll er die Geister unterscheiden lernen, um bessere Entscheidungen treffen zu können. Dazu sollte den Jugendlichen geholfen werden, zu Hause jeden Tag einige Minuten der Stille einzubauen, damit die Wachsamkeit für die inneren Vorgänge trainiert wird. So können bessere Berufsentscheidungen getroffen werden und es kann der richtige Lebenspartner gefunden werden. Zehn Minuten Versammlung jeden Tag (Stille, Gebet, Reflexion, Neues Testament lesen) ist ein kleiner Zeitaufwand mit großem Effekt. Der Mensch sieht klarer, trifft bessere Entscheidungen und erspart sich manche Fehlentscheidung. Das hilft Zeitverlust zu vermeiden.

Gerade in der Phase der Pubertät sieht man, dass die innerste Mitte des Menschen gefährdet ist und die Integration der Kräfte jeden Tag neu vollzogen werden muss. Es gibt Kräfte, die den Menschen zerstreuen und aus seiner innersten Mitte herauskatapultieren. Diese Neigung zur Desintegration muss immer wieder auf einer höheren Stufe integriert werden. Das ist menschliche Arbeit und göttliche Gnadenwirkung. Die Gnade setzt die Natur voraus. Gerade das Sakrament der Firmung, aber auch das der Kommunion und der Taufe, wollen dabei mithelfen, dass der Mensch es schafft, immer wieder in seine Mitte zu kommen und seine auseinanderdriftenden Kräfte zusammenzuführen. Dem griechischen Begriff *diaballein,* der für dieses Zerstreuen steht und der von dem Wort *dia-bol* (Diabolos, Teufel) abgeleitet ist, steht der Begriff *Symbol* gegenüber, der in Form der Sakramente und des täglichen Gebetes die Kräfte wieder integrieren kann. Der Mensch sollte jeden Tag daran arbeiten, dieses Auseinanderdriften der Kräfte je neu zu einer größeren Einheit zu integrieren. Das Symbol der Sakramente hilft dabei.

Beichte – Sünde und Schuld

Ein dauerhaftes inneres Auseinanderdriften der Kräfte im Menschen führt zur Desintegration des Inneren und zur Entfremdung des Einzelnen von sich selbst, vom Anderen, von Gott. Derjenige, der sich von seinem tiefsten Seelengrund abwendet oder sich ihm dauerhaft nicht zuwendet, verliert schleichend den Zugang zu den Lebensquellen des lebendigen Wassers und zu sich selbst. „Getrennt von mir könnt ihr nichts vollbringen“ (Joh 15,5). Andersherum: „Ich bin der Weinstock, ihr seid die Reben. Wer in mir bleibt und in wem ich bleibe, der bringt reiche Frucht“ (Joh 15,5).

Die innere Abkehr und das Sich-Absondern (Sünde) von diesem Quellgrund führt letztlich zum inneren Absterben. „Wer nicht in mir bleibt, wird wie die Rebe weggeworfen und er verdorrt. Man sammelt die Reben, wirft sie ins Feuer und sie verbrennen“ (Joh 15,6). Dieses Absterben kann durch Gleichgültigkeit, Unaufmerksamkeit, Beliebigkeit geschehen. Geschieht es bewusst, spricht man von Sünde. Sünde bringt den Tod.

Man kann auch einen anderen Zugang zur Frage von Beichte, Sünde und Schuld wählen: Jeder Mensch macht Fehler.[38] Fehler zu machen bedeutet, ein Ziel zu verfehlen. Es kann sein, dass man sachlich eine Fehlentscheidung trifft, es kann aber auch sein, dass man jemanden bewusst verletzt. Mit etwas Abstand kann es einem dann leidtun und man bittet um Verzeihung. So kann es zwischen Menschen geschehen, aber auch zwischen Mensch und Gott. Einen Fehler zu machen heißt im Griechischen *hamartanein*. *Hamartia* ist der griechische Begriff für Schuld. Durch die „Schuld“ verfehlt der Mensch letztlich das Ziel des Lebens.

Drei Begriffe müssen unterschieden werden: Sünde, etwas schuldig bleiben und Schuld.

Wie erwähnt ist das Christentum primär eine Beziehungsreligion, keine Gesetzesreligion. Es geht um die Beziehung des Menschen zu Gott. Mit dem Begriff der Sünde ist gemeint – wie oben angedeutet –, dass der Mensch sich abkoppelt von der Beziehung zu Gott. Sünde ist Beziehungsstörung.[39] Sünde ist Sünde, weil der Mensch sich durch diese Abkoppelung selbst fremd wird und dadurch auch dem anderen. Er bleibt sich selbst, dem Leben, den anderen Menschen und auch Gott etwas schuldig. Er schadet sich und den anderen.

Für Franz von Assisi wäre es Sünde gewesen, das Geschäft seines Vaters zu übernehmen – obwohl es für jeden anderen ganz „normal" gewesen wäre –, da er einem persönlichen Ruf Gottes ausgewichen wäre und sich abgesondert hätte (Sünde – absondern). So wäre er sich selbst, dem Anderen und letztlich auch Gott etwas schuldig geblieben. Er musste das Bessere für sein Leben wählen, das dem Willen Gottes entspricht, obwohl die Übernahme des Geschäftes auch gut gewesen wäre. „Das Bessere ist des Guten Feind", sagt der Volksmund. Wenn der Mensch sich in dieser Weise absondert von seiner individuellen Berufung, bleibt er hinter seinen Möglichkeiten zurück, bleibt etwas schuldig und macht „Schulden". Schulden sind ein *debit,* ein Gesolltes. Daher heißt es im Vaterunser auch: *et debita nostra* – unsere Schulden vergib uns.

Aus dem Schuldigbleiben kann Schuld im herkömmlichen Sinn einer Normübertretung werden. Der Schaden besteht darin, dass der Einzelne wegen des Zurückbleibens in eine Selbstentfremdung gerät, die Liebesfähigkeit verliert und so die Liebe verletzt. Karl Rahner sagt es so: Man muss sehen, „daß die Sünde über ihre Eigenschaft als Verstoß gegen das Gesetz Gottes hinaus auch und ebenso ein Verstoß ist gegen einen ganz individuellen Imperativ des individuellen Willens Gottes, der Einmaligkeit begründet. Wäre von da aus Sünde nicht deutlicher erkennbar als Verfehlen der persönlich-individuellen Liebe Gottes"?[40]

Was haben Sünde und Schuld mit Beichte zu tun? Mit Jesus werden zwei Verbrecher gekreuzigt, wahrscheinlich zwei Mörder.

Der eine von beiden hat verstanden, dass er vieles falsch gemacht und anderen Menschen Schaden zugefügt hat. Angesichts des bevorstehenden Todes hat er nur noch eine Chance: sein Leben anzuschauen und zu bereuen, was er getan hat. Er kann nichts mehr gutmachen, seine Hände sind ihm gebunden, er stirbt in ein paar Minuten. So vollzieht er eine innere Kehrtwendung und tut dies in einer sehr schüchternen Weise: „,Uns geschieht recht, wir erhalten den Lohn für unsre Taten; dieser aber hat nichts Unrechtes getan.' Dann sagte er: ,Jesus, denk an mich, wenn du in dein Reich kommst'" (Lk 23,41–42). Diese innere Umkehr führt zur alles erlösenden Botschaft: „Heute noch wirst du mit mir im Paradies sein" (Lk 23,43).

Das ist göttliche Barmherzigkeit demjenigen gegenüber, der seine Taten bereut. Er kann selbst nichts mehr gutmachen und hat nichts in der Hand als die Scherben seines Lebens. Er ist auf das Entgegenkommen und die Barmherzigkeit Gottes angewiesen. In dem Maße, in dem er bereut, wird ihm vergeben. Es wird ihm sogar gesagt, dass trotz allen Versagens noch alles zu gewinnen ist: das Paradies, die ewige Seligkeit, das Sein bei Gott. Gott kann Schlechtes in Gutes verwandeln, wenn der Mensch seine Schuld erkennt, sich ihr stellt und um Vergebung bittet. So ist dieses Sakrament ein Ausdruck der Barmherzigkeit, der Vergebung, der Heilung, der Versöhnung, der Reintegration des Desintegrierten.

Der Mensch, der sich selbst, den anderen und Gott seine Schuld eingesteht, wird wieder als Sohn und Tochter angenommen. Seine Ganzheit und sein Heilsein werden wiederhergestellt. Das Sakrament der Beichte ist ein Heilmittel zur Wiederherstellung einer zerbrochenen Beziehung zwischen Mensch und Gott, Mensch und Mensch sowie dem eigenen Inneren. Der Einzelne erfährt eine Neuintegration in sich selbst und in die Gesellschaft.

Krankensalbung

Das Christentum ist eine heilende Botschaft. Das kommt in allen Sakramenten, also auch im Sakrament der Krankensalbung, zum Ausdruck. Hier zeigt sich die Nähe zwischen Spiritualität und Heilung. Eigentlich war die Krankensalbung ein Sterbesakrament, das den Sterbenden für die letzte Wegstrecke stärken sollte, damit er im inneren Frieden in den Tod gehen kann. Dieses Sterbesakrament wurde auch als „Letzte Ölung" bezeichnet, jetzt soll es eher eine Stärkung für den Kranken sein.

Auch bei diesem Sakrament zeigt sich die Kombination aus innerweltlicher Materie und geistlichem Gehalt. Eine „Salbe" ist zunächst eine innerweltliche Medizin. Aber diese Salbung, die bei der Krankensalbung stattfindet, wird mit einem besonderen Öl vorgenommen. Dieses Öl wird zusammen mit anderen Ölen einmal im Jahr in der Woche vor Ostern (Karwoche) vom Bischof geweiht. Das heißt, dass die Salbung mit diesem Öl den Kranken in ein tieferes Geschehen mit Christus als dem Gesalbten hineinführt.

Der Kranke soll hineingenommen werden in das heilende Wirken Gottes. Dabei geht es nicht um „magische" Heilungen, sondern darum, dass der Patient gestärkt und innerlich verwandelt wird. Ob damit noch organische Heilungen herbeigeführt werden können, ist fraglich. Heilung hat meistens etwas mit einem inneren Prozess zu tun, der Zeit braucht. Das Sakrament der „Krankensalbung" ist trotz der Umbenennung ein Sakrament geblieben, das eher in der letzten Phase des Lebens gespendet wird. In dieser terminalen Phase führt eine mögliche innere Heilung meist nicht mehr zu einer äußeren. Dennoch wird Christus als der Gesalbte (daher der Name *Christos)* als der Arzt gesehen, der den Menschen von innen her gesund und heil machen kann.

Ehe

Ehe und Priesterweihe sind Sakramente für eine bestimmte Lebensform. Das Sakrament der Ehe ist nach katholischer Auffassung ein Sakrament (nicht so in der protestantischen Tradition), weil es ein göttliches Zeichen ist für die untrennbare Verbindung zwischen Jesus Christus und seiner Kirche. Die Ehe ist unauflöslich, weil die Beziehung Christus – Kirche unauflöslich ist. Hier könnte man darüber diskutieren, ob diese Analogie nicht „etwas zu hoch" aufgehängt ist. Die Unauflöslichkeit der Beziehung des Gottmenschen Jesus Christus zu seiner Kirche wird mit der Endlichkeit und Relativität zweier zerbrechlicher Menschen analogisiert.

Das Sakrament der Ehe spenden sich die Eheleute selbst. Das Sakrament kommt zustande durch eine freie Entscheidung. Es geht um das Versprechen der Treue, in guten und schlechten Tagen beieinander zu bleiben. Aus eigener Kraft wäre der Mensch damit wohl überfordert. Aber wenn der Geist Gottes das Paar begleitet, sollte es gehen. Hier stellt sich allerdings die Frage, ob wirklich der göttliche Geist diese Ehe zusammengeführt hat oder vielmehr andere Mechanismen.

Wenn der Satz ernst genommen wird, dass der Mensch nicht trennen soll, was Gott zusammengeführt hat, müsste einigermaßen sicher sein, dass diese Beziehung auch von Gott zusammengeführt worden ist. Selbst wenn es keine absolute Sicherheit gibt, kann der Mensch sein Innenleben doch so weit kennenlernen, dass er das „emotional psychisch Zwischenmenschliche" vom „emotional spirituell Göttlichen" unterscheiden kann. Schon der Jugendliche sollte das – beginnend mit der Firmung – einüben. Wie schon im Kapitel über die Firmung erwähnt ginge es darum, sich jeden Tag für ein paar Minuten in die Stille zum Gebet und zum Lesen der Heiligen Schrift zurückzuziehen, damit in der Stille der Blick für das Wirken des Heiligen Geistes und des göttlichen Willens klarer wird. Dann käme dem Wort des Priesters am Traualtar sein eigentliches Gewicht zu – „Was Gott zusammengeführt hat, soll der Mensch nicht trennen.“ *Wenn* Gott die Beziehung zusammengeführt hat und diese Verbindung dem göttlichen Willen entspricht, kann es der Mensch auch gar nicht trennen. Gott selbst trägt die Verbindung.

Interessant ist, dass der Ehekonsens und das Sakrament der Ehe nicht nur aufgrund der Liebe zustande kommen, sondern vor allem aufgrund einer reiflichen Entscheidung. Gute Entscheidungen zu treffen – das wurde schon ausgeführt – kann man lernen. Für eine sakramentale Eheschließung wäre eine regelmäßige spirituelle Übung über Jahre hin von Vorteil. Um dem Jesuitenorden endgültig anzugehören, bedarf es eines „geistlichen Trainings“ über viele Jahre. Auch für eine spätere sakramentale Ehe wäre eine längere stetige Vorbereitung wünschenswert. Derzeit bedarf es für eine Eheschließung lediglich eines Gespräches mit dem Priester und eines Eheseminars am Wochenende. Dies hat mit einer spirituellen Vorbereitung auf ein Sakrament, das ein Leben lang halten soll, wenig zu tun.

Priesterweihe

Zum Sakrament der Priesterweihe kann man zunächst sagen, dass es sich bei der Berufung zum Priesteramt um ein persönliches „Eingreifen“ Gottes handelt. Nun ist dieses Eingreifen nicht immer eine blitzartige Erfahrung, sondern oft ein längerer Prozess des Geführtwerdens. Niemand kann jedenfalls Priester aus sich heraus werden, so wie man Arzt oder Architekt wird. Vielmehr schickt Gott den Menschen auf eine exklusive Reise. Dieses Gerufen- und Gesandt-Werden kann dem Menschen gegen den Strich gehen wie beim Propheten Jona, der sich lange gegen seine Berufung wehrt. Er soll nach Ninive gehen, „doch er wollte … fliehen, weit weg vom Herrn“ (Jon 1,3). Gott kann aber auch mit den Talenten des Menschen mitwirken. In jedem Fall geht es um ein göttliches „Wirken“, dessen Exklusivanspruch den Menschen voll und ganz einfordert. Die Frage nach dem ehelosen Leben in der katholischen Tradition ist daher keine rechtliche Frage, sondern eine spirituelle.

Dabei geht es auch nicht um ein äußeres Zeichen oder eine Verpflichtung zu einem Opferleben, sondern um ein persönliches Angesprochenwerden des Menschen durch Gott. Diesem Anspruch muss der Mensch sich stellen, er kann ihm kaum ausweichen. Der Prophet Jona weigert sich zunächst (Jon 1,3–16), findet aber keine innere Ruhe und bringt auch andere in Gefahr. Schließlich willigt er ein (Jon 3,1–10). Dies ist die Ambivalenz von Müssen und Dürfen. Der Mensch muss einerseits auf den Anspruch Gottes antworten, aber er ist auch frei, Nein zu sagen. Und doch ist er nicht ganz frei, denn ein Nein wird ihn womöglich nicht zur Ruhe kommen lassen, möglicherweise sein Leben scheitern lassen. So ist der Mensch insofern frei, als er den Ruf ablehnen kann, und unfrei, als er Ja sagen sollte, wenn sein Leben zur Erfüllung kommen soll.

Dieses Verhältnis von Müssen und Dürfen gab es auch bei Jesus selbst. Es heißt immer wieder: „Musste nicht der Messias all das erleiden“ (Lk 24,26), und in den Texten der heiligen Messe steht, dass er „sich aus *freiem Willen* dem Leiden unterwarf“. Ist es jetzt ein Müssen oder ein Wollen? Hans Urs von Balthasar kommt zum Schluss, dass bei Gott das Dürfen und Müssen zusammenfällt. Bei Nikolaus von Kues (1401–1464) wäre es wohl die *coincidentia oppositorum,* der Zusammenfall der Gegensätze. So widerfuhr es einem Moses, einem Jona oder einem Paulus, so geschah es Jesus, so auch manchem Priester. Aussuchen kann sich das niemand. So geschieht es, dass der Mensch auf seinem priesterlichen Weg immer mehr Gott anverwandelt und den Menschen zur Verfügung gestellt wird. So findet er seine Mitte und seinen Frieden. Damit ist er nicht besser als ein anderer Mensch, sondern von Gott auf einen bestimmten Weg geschickt. Das gilt letztlich für jeden Christen, denn mit der Taufe wird jeder „aufgenommen in das Volk Gottes" und „mit dem Heiligen Chrisam gesalbt", damit er für immer ein Glied Christi bleibt, „der Priester, König und Prophet ist in Ewigkeit".[41] Daher spricht man auch vom gemeinsamen Priestertum aller Gläubigen.

Der Priester bekommt bestimmte Vollmachten: Er darf die Sakramente der Taufe, des heiligen Mahles (Eucharistie), der Firmung, der Beichte, der Krankensalbung, spenden. Die Taufe kann im Notfall auch ein Laie spenden und das Sakrament der Ehe spenden sich die Eheleute gegenseitig. Das Sakrament der Priesterweihe wird vom Bischof gespendet. Letztlich werden Sakramente von Gott selbst gespendet. Besonders bei der Beichte und der Sündenvergebung kommt das zum Ausdruck. Sünden kann nur Gott vergeben. Nur er kann die durch die Sünde gestörte Beziehung des Menschen zu Gott wiederherstellen.

Wie erwähnt, handelt der Priester in der Eucharistiefeier *„in persona Christi"*. Er spricht die Wandlungsworte in der Ich-Form, so als wenn Jesus Christus selbst sie sprechen würde. „Das ist mein Leib (Mt 26,26), „das ist mein Blut" (Mt 26,28). Der Priester soll dabei als Mensch ganz zurücktreten. Daher trägt er ein Messgewand zum Zeichen, dass er nicht für sich selbst steht, sondern an Christi statt. Christus selbst ist der zum Mahl Einladende. An seiner Stelle zu sprechen erfordert die Priesterweihe.

Zusammenfassend kann man zu den Sakramenten Folgendes sagen: Sie alle dienen der Heilung und Heiligung des Menschen sowie der Überschreitung des Menschen auf das Göttliche hin. Der Mensch soll vergöttlicht werden. Mit der Taufe wird er aufgenommen in die Gemeinschaft der Christen. In der Taufe wird symbolisiert das Lebensnotwendige, die äußerlich und innerlich frei machende Reinigung sowie die Erlösung aus der Dunkelheit der

Gottferne. Das zweite Sakrament der Kommunion vertieft die Vergöttlichung des Menschen zu einer intimeren Beziehung zu Gott, den Mitmenschen und sich selbst. Dieses Sakrament stellt auch die notwendige göttliche Wegzehrung für ein langes Leben bereit. Mit der Firmung erhält jeder Mensch die Stärkung durch die göttliche Kraft des Heiligen Geistes. Er soll Eigenstand, Erkenntnis und Einsicht gewinnen sowie die Fähigkeit, die Geister zu unterscheiden. So kann er bessere Entscheidungen treffen (zum Beispiel für Beruf und Ehe). Mit der Krankensalbung wird jeder Mensch an die heilende Wirkung des Christentums erinnert und als früheres Sterbesakrament über den Tod hinaus verwiesen. In der Beichte kann der Einzelne Vergebung, Verzeihung, Barmherzigkeit, Versöhnung und damit ebenfalls Heilung erfahren. Im Sakrament von Ehe und Priestertum werden Lebensentscheidungen getroffen, die nur zu bestehen sind, wenn der Mensch sich ganz in Gottes Hand begibt. Mit den Sakramenten sind die wesentlichen Grundfragen des Lebens abgedeckt.

CHRISTENTUM

Alltag und Wissenschaften

1. Christentum und die Reifung des Menschen

Wir sind im Buch bisher einen bestimmten Weg gegangen: Es begann mit einer kurzen Analyse der gegenwärtigen Situation Europas. Dann ging es um eine Vertiefung der christlichen Glaubensinhalte, des persönlichen Glaubensvollzugs sowie der Darstellung der Wegzehrung und Heilungsangebote durch die Kraft der Sakramente für den langen Lebensweg. Im Folgenden sollen aus diesem Durchgang neue Schlüsse für das Reifen des Menschen im Alltag sowie das Verhältnis des christlichen Glaubens zu den Wissenschaften gezogen werden.

Geburt – Kindheit – Pubertät

Der Mensch wird gezeugt, lebt neun Monate im Mutterbauch und wird dann geboren. Schon vor der Geburt macht er viele Erfahrungen. Die pränatale Psychologie weiß viel darüber. Hier finden erste Prägungen statt. Auch das Genom in seiner komplexen Verschaltung von genetischer Grundinformation und epigenetischer Schaltinformation beginnt sich zu formen. Es wird weiter geformt in der Geburt und dann bis zur Pubertät. Das Kind kommt zur Welt, lernt laufen, sprechen, lesen und schreiben. Wenn es gut geht, hat es stabile Beziehungen und wächst in der Geborgenheit einer Familie auf.

Das kleine Kind hat viele existenzielle Fragen: Wo ist jetzt die tote Großmutter, kommen Tiere auch in den Himmel und wo wohnt der liebe Gott? Ein Kind kann mehr Fragen stellen, als hundert Philosophen beantworten können. Diese Neugierde sollte den

Kindern erhalten bleiben und gefördert werden. Wer immer weiterfragt, kommt letztlich zu einem letzten Grund. Diesen letzten Grund nennen alle Gott, so hat es Thomas von Aquin sinngemäß formuliert. Weiterfragen ist wichtig. Oft neigen gerade religiöse Menschen dazu, zu früh mit dem Fragen aufzuhören und Gott an die Stelle dessen zu setzen, was noch weiter durchdacht werden könnte.

In dieser frühen Phase des Lebens sind Kinder meist offen für das Religiöse. Sie haben ein Recht darauf, Antworten auf ihre Fragen zu bekommen, denn das Religiöse und der Bezug zum Absoluten gehören zum Menschen. Es abzuspalten oder nicht zu beachten, heißt, den Menschen nicht in seiner Ganzheit zu erfassen. Kinder nehmen vieles intuitiv auf. Daher ist die erste Vermittlung von religiösen Inhalten sehr an Emotionen gebunden. Aus diesem Grund ist eine gute geistliche Atmosphäre mit Stille, Gebeten, Kirchenräumen, Kerzen, Bildern, Geschichten, Zugehörigkeit und Vertrauen von großer Bedeutung.

Schon bald kommen in der Pubertät ganz andere Herausforderungen. Alles wird infrage gestellt. Aus dem Jungen wird ein junger Mann, aus dem Mädchen eine junge Frau. Kinder werden zu Jugendlichen. Sie können jetzt selbst Kinder zeugen oder empfangen. Ihre Verantwortung nimmt zu, mit vierzehn gelten sie in unseren Breiten als einsichts- und urteilsfähig. Und gleichzeitig kann der junge Mensch in dieser Übergangsphase oft nichts mit sich anfangen. Alles ist peinlich, die Eltern verlieren ihre Autorität, vieles gerät durcheinander. Das Selbstverhältnis ändert sich und auch das Verhältnis zu den Eltern und anderen Menschen. Jetzt gilt es, diese Desintegration der Kräfte auf einer anderen und höheren Ebene neu zu integrieren.

Wohin soll der Mensch sich wenden in diesem Chaos? Oft sucht er Gleichgesinnte. Er will Anerkennung und Zugehörigkeit. Sein Selbstwertgefühl ist angeschlagen und soll gestärkt werden.

Es ist wichtig, Freunde zu haben, mit denen man sich austauschen kann. Im Kapitel über die Firmung wurde schon erwähnt, dass der zwölfjährige Jesus in dieser Phase einen anderen Weg wählt. Er verlässt seine Eltern und geht in den Tempel, um – wie er sagt – im Hause seines Vaters zu sein und zu seinem göttlichen Ursprung zurückzukehren. Erst von dorther findet er seine wahre Identität. Da das Leben prozesshaft verläuft und ein Zwölfjähriger noch nicht allein leben kann, geht er wieder zurück zu seinen Eltern und ist ihnen gehorsam. Dann hört man achtzehn Jahre lang nichts über seine Biografie und mit etwa dreißig Jahren muss er sich endgültig von seinen Eltern lösen.

Dies geschieht bei der Hochzeit zu Kana, bei der seine Mutter ihn bittet, etwas für die Gastgeber zu tun, und er sie grob zurückweist: „Was willst Du von mir, Frau?" (Joh 2,4). Das ist für beide schmerzhafte Ablösung von der irdischen Mutter und die endgültige Hinwendung zum himmlischen Vater. Jetzt muss er seine Berufung ganz leben. Dieses immer tiefere Hineinwachsen aus der elterlichen Beziehung in die göttliche wird an anderer Stelle noch deutlicher. Dort heißt es, als seine Brüder und seine Mutter ihn suchen: „Wer den Willen Gottes erfüllt, der ist für mich Bruder und Schwester und Mutter" (Mk 3,35). Diejenigen Menschen, die versuchen, dem göttlichen Willen zu folgen, sind die Gemeinschaft der Gläubigen.

Dieser Reifungsprozess des langsamen Abschiednehmens von den Eltern in der Pubertät ist von großer Bedeutung für den jungen Menschen. Hier zeigt sich ein Dreifaches: Jeder Mensch kommt fremdbestimmt auf die Welt. Niemand ist gefragt worden, ob er leben will, die Eltern haben ihn gezeugt. Der junge Mensch findet sich in seinem Leben mehr oder weniger zurecht. Dieser Übergang in der Pubertät kann in die Leere, das Nichts, die Traurigkeit des Abschieds, die Verzweiflung, die Unsicherheit führen. Oder aber dem Jugendlichen geht eine Ahnung von etwas ganz anderem auf. Vielleicht zeigt sich in seinem „Abgrund“ ein neuer Grund, der trägt, gerade dort, wo die Absolutheit der Eltern abnimmt.

Diesem tragenden Grund wendet sich der zwölfjährige Jesus zu. Im Haus seines himmlischen Vaters findet er neuen Halt, Ruhe und Geborgenheit. Und gleichzeitig eröffnen sich neue Perspektiven: Er debattiert mit den Gelehrten. „Er saß mitten unter den Lehrern, hörte ihnen zu und stellte Fragen. Alle, die ihn hörten, waren erstaunt über sein Verständnis und über seine Antworten“ (Lk 2,46–47). Ablösung und Neufindung auf einer höheren Ebene gehen Hand in Hand. Der Jugendliche wird davon möglicherweise nichts bemerken. Er hat Probleme mit sich selbst und seiner Umgebung. Er ist verunsichert. Er spürt sich womöglich nicht, seine Selbstwahrnehmung ist nicht sehr gut. Aber wenn er Hilfe bekommt, kann sich Neues und Eigenes entwickeln. Es kann sich schemenhaft eine andere Dimension zeigen, die das Leben trägt, von innen her durchformt und neue Kreativität schafft.

In dieser Umbruchphase braucht der junge Mensch innere Stärkung. Das gefühlsmäßig Religiöse nimmt ab und wird ersetzt durch Fragen und der Suche nach Argumenten. Das ganze Leben und auch der Zugang zum Religiösen verändern sich. Der Jugendliche muss schrittweise neuen Halt finden. Das Sakrament der Firmung kann ihn dabei stärken. Im Aufbruch der Unsicherheiten kann der tragende Urgrund des Seins sichtbar werden. Oft muss der Pflug erst durch den Acker gehen, damit der gute Samen gesät werden kann. Die Firmung mit dem Heiligen Geist soll Hilfe zur Selbsterkenntnis, Erkenntnis der Welt und tiefere Einsicht in das eigene Innere vermitteln. Es geht um die Erkenntnis des unbedingten Angenommenseins durch den tragenden Grund allen Seins jenseits aller Schwächen, Ängste und Sorgen. Auch wenn die Erkenntnis in der Pubertät nur rudimentär da ist, kann doch ein Fundament für das Leben gelegt werden. Vor allem sollte der Jugendliche versuchen, seine inneren Stimmungen besser zu verstehen.

Lebensmitte und Alter

Ein zweiter tiefgreifender Umbruch geschieht in der Lebensmitte. Hier kommt der Mensch nicht nur in die Midlife-Crisis, wie die Psychologie die Krise der Lebensmitte etwas verharmlosend nennt, sondern er wird viel existenzieller durchgeschüttelt. Der mittelalterliche Mystiker Johannes Tauler (1300–1361) meinte, der Mensch werde in dieser Lebensphase siebzig Mal am Tag innerlich herumgewirbelt, sodass er sich nicht mehr auskenne. Gott selbst lege Hand an, damit sich der Mensch spätestens jetzt zu ihm hinwendet. Noch einmal – um im Bild zu bleiben – wird der Acker umgepflügt, damit der göttliche Samen neu aufgehen kann und der Mensch „endlich" seine wahre Identität findet.[42]

Für den Menschen bedeutet das, dass er sich jetzt seiner Lebenswahrheit mit allen hellen und dunklen Facetten, mit guten und schlechten Seiten, Verdrängungen und Schattenseiten, Wünschen und Hoffnungen stellen sollte. Manch unangenehme Wahrheit kommt jetzt ans Licht. Wenn der Mensch sich ihr stellt, kann es fruchtbar werden. Allein „die Wahrheit wird euch befreien" (Joh 8,32). Der Einzelne soll immer mehr erkennen, wer er ist und wie sein Leben von Gott her gemeint ist. Er soll zu seinem innersten Lebenskern durchstoßen.

Stellt er sich dieser Wahrheit nicht und verdrängt die dunklen Seiten weiterhin, besteht die Gefahr, dass das Unbewusste immer mehr seine Wirkungen entfaltet. Das Verdrängte ist ja nicht weg, sondern sendet mehr und mehr Störsignale aus dem Unbewussten. Dies kann zu Depressionen führen. Flieht der Mensch aus dieser inneren Bedrängnis, wird er womöglich nie zu seinem Wesen durchstoßen. Dann bekommt er keinen Anschluss mehr an seine innere Lebensquelle. Das Leben versandet und es fehlt die Lebensenergie für die verbleibende Lebenszeit.

Gerade jetzt in der Lebensmitte kommen ja womöglich

erfüllende Lebensaufgaben wie das Heranreifen der Familie, eine gute Partnerschaft, soziale Kontakte, Etablierung im Beruf, soziales Engagement zusammen mit aufkommenden Grundsatzfragen über das Leben und seinen Sinn. Etablierung und erneuter Aufbruch, Sicherheit und neue Ausrichtungen auf das Ganze des Lebens treffen zusammen. So ist diese Lebensphase mehr noch als die Pubertät eine Umbruchphase hin zu größerem Leben. Es geht neben den positiven Stabilisierungen des Lebens auch schon langsam um die Vorbereitung auf den Berufsausstieg, die Zeit der Pension, das Altwerden und schließlich am Ende des Lebens um das Sterben.

Für die Bewältigung dieser Bewegungen des eigenen Lebens bedarf es großer „Kraftreserven". Viele sind nach dem Ausscheiden aus dem Berufsleben wieder offen für neue Aufgaben und neue Ideen, einem neuen Aufblühen mit der Erfüllung von Kindheitsträumen, manche aber sind auch schon müde geworden vom kräftezehrenden Leben. Wieder andere wollen frühzeitig aus dem Leben scheiden, weil ihnen die Reserven für den Rest des Lebens und eine Sinnperspektive fehlen. Freiheit von altem Zwang und die Freude über die ruhiger werdende Zeit in der Pension auf der einen Seite können auf der anderen Seite gepaart sein mit der Meinung, jetzt nicht mehr dazuzugehören, nicht mehr gebraucht zu werden und schrittweise zum „alten Eisen" abgestempelt zu werden. Es sind durch die moderne Medizin ganz neue Lebensspannen entstanden zwischen dem Ausstieg aus dem Erwerbsleben und dem jungen, mittleren und alten Alter, die es zu gestalten gilt.

Geht es auf die letzte Lebensphase zu, zeigen sich auch hier Ambivalenzen: Auf der einen Seite kann sich jetzt Ruhe einstellen über gemachte Lebenserfahrungen, es kann eine tiefe Ausgeglichenheit entstehen und Freude über das gelebte Leben, ein Bewusstsein, sich aktiv auf die „letzte Phase" einstellen zu können und sich „offensiv“ damit auseinanderzusetzen. Es kann auch zu einer (Wieder-)Annäherung an den Glauben kommen. Aber es können auch durch Demenz und andere Krankheiten ganz neue Probleme und Konflikte entstehen, die schwer zu bewältigen sind. Es können Gram und Verzweiflung auftreten über falsche Lebensentscheidungen und Versäumtes. So ist der letzte Lebensabschnitt – so er noch bewusst erlebt werden kann – eine Phase des Lebensrückblickes und der Bilanz des Lebens.

Nicht jeder wird zu der Überzeugung kommen, dass diese letzte Lebensphase als ganze durchgestanden werden sollte. Mancher möchte seinem Leben ein frühzeitiges Ende setzen. Aus christlicher Sicht sind aber Tötung auf Verlangen oder assistierter Suizid keine Lösungen, um das Leben zu beenden. Auch dieser letzte Reifungsweg hat im Gesamtbogen des Lebens einen Sinn. Oft sind es die Einsamkeit oder unerträgliche Schmerzen, die danach rufen lassen, dem eigenen Leben ein Ende zu setzen. Der Mensch, der danach verlangt, ist meist allein und schreit um Hilfe. Womöglich gerät er unter Druck von außen. Seine Autonomie ist gerade in Phasen der Schwäche nicht mehr gegeben. Eine gute medizinische, psychologische und spirituelle Begleitung im Sinne der Palliativmedizin sollte hier helfen, möglichst bewusst in den Sterbeprozess eintreten zu können, da der Mensch aus christlicher Sicht „gut vorbereitet“ in das Sein bei Gott eintreten sollte.

In diesen Umbruchphase aber auch im täglichen Leben müssen immer wieder Entscheidungen getroffen werden. Es wurde schon über Entscheidungshilfen im Kontext der Unterscheidung der Geister gesprochen, über Kriterien wie Trost und Misstrost sowie vom Achtgeben auf die inneren Seelenregungen und Stimmungen. Alle diese Kriterien sollen jetzt noch einmal in einen größeren Rahmen gestellt werden, um im Alltag und in allen Lebensphasen zu guten Entscheidungen zu kommen. Denn gute Entscheidungen sind lebensentscheidend.

2. Wie treffe ich eine gute Entscheidung?

Hinführung

Wenn von Verwandlungsprozessen in der Pubertät, in der Lebensmitte, am Lebensende und im Alltag die Rede war, dann wird deutlich, dass der Mensch immer wieder Entscheidungen treffen muss. Letztlich entscheidet er jedesmal über sich als Ganzer. Wie kann er das, wo er doch nur eine fragmentarische Erkenntnis hat und auch nur begrenzt frei ist? Der Mensch ist Mann oder Frau, groß oder klein, hat unterschiedlichste Hautfarben und bestimmte Vorgaben. Aber innerhalb dieser Vorgaben kann er durch viele Entscheidungen hindurch doch über sich bestimmen. Viele kleine Entscheidungen haben dazu geführt, dass jeder Mensch heute so „da" ist, wie er geworden ist.

Während die erste Entscheidung, die uns zum Leben gebracht hat, andere für uns getroffen haben, muss der Mensch mit zunehmendem Alter immer mehr über sich selbst und andere entscheiden. Gute Entscheidungen zu treffen, kann man lernen. Das Ziel guter Entscheidungen ist ein gelingendes Leben. Die meisten Menschen wollen aus der Fremdbestimmung zur Selbstbestimmung kommen. Damit das gelingt, muss aber jeder soweit wie möglich befreit werden von innerweltlichen Abhängigkeiten oder sich zumindest dieser bewusst sein. Wenngleich das nie vollständig gelingen wird, sollte es doch versucht werden.

Für gute Entscheidungen braucht man ein ethisches Gerüst und eine gute spirituelle Ausbildung, die eine Schulung der Selbstwahrnehmung beinhaltet. Nur so können die Seelenregungen im eigenen Inneren unterschieden werden. Schließlich bedarf es der inneren Stärke, die getroffenen Entscheidungen auch umsetzen zu können. Diese innere Stärke ist aus christlicher Sicht auch eine Gabe des Heiligen Geistes. Für gute Entscheidungsfindungen kommen aus der griechischen Philosophie die schon angesprochenen Tugenden der Klugheit, Gerechtigkeit, Tapferkeit und des Maßes infrage sowie aus dem Christentum die Tugenden von Glaube, Hoffnung und Liebe. Hinzu kommen die Hochschätzung des Individuums und die Grundreflexionen zur Menschenwürde aus der Philosophie von Immanuel Kant.

Was behindert eine gute Entscheidung?

Das Treffen von guten Entscheidungen leidet oft daran, dass die Sache, die es zu entscheiden gilt, nicht klar formuliert ist. Oft muss gerade im Berufsleben über Undurchsichtiges entschieden werden. Daher sollte, soweit möglich, eine komplexe Entscheidungssituation in einzelne Pakete zerlegt werden. Einzelaspekte sind besser zu entscheiden als eine komplexe Problematik. Das gilt für private Entscheidungen wie für berufliche, es gilt für Entscheidungen in der Wirtschaft, der Politik, der Wissenschaft.

Wichtige Entscheidungen müssen gut vorbereitet werden. Die Fragestellung muss klar sein. Verschiedene Einzelaspekte müssen zur Sprache kommen. Es gilt, eine breite Sicht für das Problem zu entwickeln und verschiedene Handlungs- und Entscheidungsalternativen zu überlegen. Dabei gilt es achtzugeben, wie frei der Einzelne in seinen Entscheidungen ist und wo Abhängigkeiten bestehen, wie stark jemand unter Druck anderer Interessen steht und wo jemand selbst an etwas festhält, das er unbedingt umsetzen möchte.

Es gilt, sich dessen immer wieder bewusst zu werden und eine Haltung zu entwickeln, die Ignatius von Loyola „Indifferenz“ nennt.

Der Mensch sollte sich immer wieder indifferent machen gegenüber Vorurteilen, Vorlieben, Vorentscheidungen und Abhängigkeiten, um einen klaren Blick auf das Problem werfen zu können. Er soll seine Vorentscheidungen beiseitelassen, um dem guten Geist in seinem Wirken Raum zu geben.

Weitere Gefahren für eine gute Entscheidung sind Übereile und mangelnde Entschiedenheit. Übereile bezeichnet Ignatius von Loyola als eine „List des Teufels". Oft soll man sich schnell entscheiden für einen Kauf, schnell einen Vertrag unterschreiben. Der Volksmund sagt zu Recht: „Mindestens eine Nacht darüber schlafen." Der andere Grund für eine schlechte Entscheidung ist mangelnde Entschiedenheit. Jemand wägt ab und wägt ab und kommt zu keiner Entscheidung. Man kann mit einer Entscheidung zu lange warten, bis die Gelegenheit vorbei ist. Die griechische Philosophie spricht hier vom *Kairos,* vom rechten Augenblick. Der gleichnamige griechische Gott Kairos kommt mit leisen Schritten auf einen zu, er hat vorne am Kopf eine Locke herunterhängen und hinten ist er kahl: Solange die Gelegenheit auf einen zukommt, kann man sie „beim Schopfe packen". Ist sie vorbei, kann man sie nicht mehr festhalten. Die Chance ist vertan, sie kommt auch so nie wieder, vielleicht anders.

Übertriebener Perfektionismus ist auch ein Hindernis für eine gute Entscheidung. Für das endliche Leben braucht es die Bereitschaft zum Kompromiss. Allerdings gibt es große Entscheidungen, wie zum Beispiel jene zur Ehe, bei denen nicht zu viele Kompromisse gemacht werden sollten. Man sollte nicht davon ausgehen, dass man den Partner, wenn einem etwas nicht gefällt, schon „hinbiegen" wird. Das gelingt fast nie, im Gegenteil: Man muss damit rechnen, dass sich die jetzigen Eigenschaften mit zunehmendem Alter verstärken. Mit anderen Worten: Man muss klar hinschauen und den anderen so nehmen, wie er jetzt ist. Derartige lebenslange Entscheidungen sollten von innen her stimmig sein und insofern im christlichen Sinn dem Willen Gottes entsprechen. Für solche großen Entscheidungen muss die Zeit reif sein. Es bedarf des rechten Maßes zwischen zu schnell entscheiden und zu lange warten.

Eine weitere Gefahr ist, falsche Maßstäbe zu setzen und entweder immer das Schwerere oder das Leichtere zu wählen. Es gilt, sich für das Richtige zu entscheiden. Und schließlich kann es sein, dass jemand ein tiefes inneres Empfinden hat, dass eine bestimmte Entscheidung falsch ist und dieses Empfinden nicht ernst nimmt. Er wird von anderen überredet und versucht dann, eine falsche Entscheidung zu rationalisieren. Er will das Falsche noch irgendwie „richtigreden".

Speziell die Exerzitien des Ignatius von Loyola haben Kriterien entwickelt für gute Entscheidungen. Diese reichen bis in den Alltag hinein. Mancher wird vielleicht sagen, dass er dafür das Christentum nicht braucht. Das stimmt womöglich. Vieles von dem Gesagten erscheint selbstverständlich. Oft aber muss gerade das vermeintlich Selbstverständliche nochmals reflektiert werden. Manches von dem ist auf christlichem Fundament gewachsen und hat sich dann davon abgekoppelt.

Was macht eine gute Entscheidung aus?

Was macht also im Umkehrschluss eine gute Entscheidung aus? Ein erstes Grundprinzip sollte sein, dass eine Entscheidung niemandem schaden, sondern nützen sollte. Das ist ein Grundprinzip jeder Ethik: *primum nil nocere* – primär nicht schaden. Ignatius dehnt die Frage nach dem Nutzen sogar auf das gesprochene Wort aus: „Wenn du etwas sagst, überlege gut, wem es nutzt. Wenn es niemandem nutzt, dann schweige lieber" (EB 40).

Es kann etwa sein, dass die Entscheidung eines Kindes seinen Eltern Schmerzen zufügt, weil es einen Beruf ergreift, der ihnen nicht gefällt, oder wie Franz von Assisi alles verkauft. Aber der Einzelne tut das nicht, um dem anderen bewusst zu schaden, sondern weil er sein Leben und seine Berufung leben muss. Das kann passieren. Ein Trennungsschmerz in der Familie ist manchmal unumgänglich, wenn jemand seinem inneren An-ruf folgen muss. Das Umfeld sollte ihm dann dabei helfen und nicht aus egoistischen Gründen an eigenen Ideen festhalten und den Weg blockieren.

Lieben heißt – so hat es Fjodor M. Dostojewski (1821–1881) formuliert – aus dem anderen das heraus zu lieben, was Gott als Bild in ihn hineingelegt hat. Es gilt: „Du musst Gott mehr gehorchen als den Menschen" (Apg 5,29), oder „Wer Vater und Mutter mehr liebt als mich, ist meiner nicht würdig" (Mt 10,34). Auch Jesus von Nazareth konnte nicht verhindern, seiner Mutter Schmerzen zuzufügen, weil er den Willen seines göttlichen Vaters erfüllen musste. „Ein Schwert wird Deine Seele durchdringen" (Lk 2,35), heißt es von Maria. Hier geht es nicht darum, bewusst Schaden zuzufügen, sondern um eine Handlung mit Doppelwirkung, bei der die „Nebenwirkung Schmerz" leider in Kauf genommen werden muss, um der von Gott gewollten Lebensentfaltung nicht im Weg zu stehen.

Im Gegenüber zum Nicht-Schaden-Prinzip geht es um den positiven Nutzen einer Entscheidung. Sind alle Mittel zum Ziel gut? Eine Entscheidung beziehungsweise Handlung ist dann *nicht* gut, wenn zur Erreichung des positiven Ergebnisses Mittel angewendet werden, die moralisch nicht vertretbar sind; zum Beispiel wenn jemand erst viel Geld unterschlägt, um dann damit etwas Gutes zu tun. Und schließlich ist die Tugend der Klugheit von Bedeutung, die fragt, ob eine Entscheidung *langfristig* von Vorteil ist. Von großer Bedeutung für eine gute Entscheidung ist, ob es gute Gründe für diese Entscheidung gibt und ob sie vernünftig ist. Es ist ein Grundprinzip der Ethik, dass es gute Gründe für eine Handlung geben muss.

Pro und Kontra müssen abgewogen werden und es sollte eine Atmosphäre geschaffen werden, in der alle Argumente im Sinne eines Brainstormings auf den Tisch kommen. Auch unbewusste Motive sollten hinterfragt werden. Durch Fragen und Gespräche kommen diese womöglich ans Licht des Bewusstseins. Seine Beweggründe sollte man sich selbst eingestehen und womöglich auch anderen mitteilen. Oder müssen sie verschwiegen werden, und wenn ja, warum? Gibt es unlautere Motive? Welche Gefühle spielen bei der Entscheidung eine Rolle? Ist Angst im Spiel?

Letztlich geht es bei diesen Entscheidungsprozessen um Ehrlichkeit sich selbst und anderen gegenüber. Wenn Projekte ins Auge gefasst werden, bedarf es der Bodenhaftung und der Frage nach der Realisierbarkeit. Entscheidungen sind nicht gut, wenn die nötige Zeit und Kraft zur Umsetzung fehlen, wenn die Beteiligten finanziell, geistig und geistlich überfordert sind und sie das Projekt nur mit äußerster Anstrengung, Widerwillen, Hektik, Angst und Verkrampfung durchführen können.

Was hat das alles mit christlicher Spiritualität zu tun? Bisher ging es eher um ethische Fragen. Diese sind aber nicht zu trennen von einer spirituellen Dimension. Es soll bei allen Entscheidungen vor allem auf das Innenleben geachtet werden: Stellt sich „Trost“ und innerer Friede bei der Entscheidung ein oder kommt es zu Unruhe und Trostlosigkeit? Führt eine Entscheidung zu innerer Freude und Gelassenheit oder zu mehr Unruhe, Getriebenheit und Angst? Werden diese Seelenregungen als „göttliche Botschaft“ ernst genommen oder verdrängt? Werden sie rationalisiert, überspielt und als unwichtig erachtet? Christlich gesehen geht es letztlich um den göttlichen Willen, den es zu erfüllen gilt. Am Ende sollte man nach einer getroffenen Entscheidung diese Gott noch einmal im Gebet vorlegen können, um sie „bestätigen“ zu lassen. Es müsste innerer Friede einkehren und die Echowirkung der Entscheidung sollte von diesem Frieden begleitet sein. Eine Entscheidung, die im inneren Trost getroffen worden ist, sollte in der Trostlosigkeit nicht wieder geändert werden. Überhaupt sollten in Phasen der Trostlosigkeit keine wichtigen Entscheidungen getroffen werden.

Trotz aller Bemühungen ist der Mensch fehlbar und kann auch bei guter Vorbereitung Fehlentscheidungen treffen. Dann stellt sich die Frage, ob man eine falsche Entscheidung durchtragen muss oder sie korrigieren kann. Wenn man sie korrigieren kann, sollte man es tun. Anstatt falsche Entscheidungen zu verharmlosen oder richtigreden zu wollen, sollte man hinspüren, wie es dazu gekommen ist, und sie möglichst revidieren. Aus der Analyse kann man etwas lernen über die Hintergründe von Fehlentscheidungen. Es können Unaufmerksamkeit, mangelnde Versammlung, innere Verstellung, Unreflektiertheit, Trägheit, Beliebigkeit, Desinteresse, unbewusste Motive, Angst, Unfreiheit, äußerer Druck sein ... Gleichzeitig sollte man nachspüren, wie sich eine falsche Entscheidung anfühlt, um nächstes Mal besser zu entscheiden. Aus „Schmerz" über eine falsche Entscheidung wird man für das nächste Mal vielleicht wachsamer sein und besser entscheiden.

Wenn es zutrifft, dass Gott in den Seelenregungen zu finden ist und bestimmte innere Antriebe auf sein Wirken zurückzuführen sind, muss zum Schluss gefragt werden, wohin denn diese Antriebe führen sollen? Es gibt den Antrieb in das Eigene des Lebens, also dorthin, wohin der Mensch schon aufgrund seiner Talente unterwegs ist. Dann kann es sein, dass der Einzelne über sich hinaus in ein „fremdes Land" getrieben wird, das er nicht kennt. Es ist dies der Ruf in die Fremde, der an Abraham ergangen ist: „Zieh fort aus deinem Land ... in das Land, das ich dir zeigen werde" (Gen 12,1). Beides zusammen – der Ruf ins Eigene und der Ruf ins Andere – ist letztlich ein Ruf in die immer größere Freiheit.[43] Um diese Freiheit geht es auch in den folgenden Kapiteln, wenn vom Alltag zurück ein letzter Bogen geschlagen werden soll zum Verhältnis des Christentums zu den Wissenschaften und zum Staat.

3. Christentum und Psychologie

Christliche Spiritualität und Psychologie können ineinandergreifen. Es ist ja die eine Seele in ihren vielen Dimensionen: die zwischenmenschlichen Gefühle und das Gespür für das göttliche Wirken, die internalisierten Über-Ich-Strukturen der Eltern und die leise Stimme der Wahrheit des göttlichen Geistes. Der Mensch kann diese Seelenregungen unterscheiden lernen. Für den jungen Menschen ist es wichtig, ein gutes Verhältnis zu sich selbst zu entwickeln und innere Stabilität zu gewinnen. Dazu braucht es stabile menschliche Beziehungen, aber auch eine gute christliche Spiritualität. Sie sollte vermitteln, dass jeder unbedingt angenommen ist trotz aller Schwächen, Ängste und Sorgen. Der junge Mensch sollte mit einem guten Selbstwertgefühl ausgestattet werden, damit er manchen Anfechtungen und Versuchungen widerstehen kann.

Die Selbstliebe ist im gewissen Sinn Voraussetzung für die Nächstenliebe. Beide bedingen einander: „Liebe deinen Nächsten wie dich selbst" (Mt 22,39). Liebe deinen Nächsten, wie du dich selbst lieben kannst, und nimm ihn an, wie du dich selbst annehmen kannst. Selbst annehmen kann der Mensch sich aber nur, wenn er *unbedingt* angenommen ist. So gehören Selbstliebe, Nächstenliebe und Gottesliebe unmittelbar zusammen. Auch hier zeigt sich die dreifaltige Struktur. Liebe „lernt" man, indem man geliebt wird. Liebe ist zunächst Antwort auf das Geliebt-werden. Später hat Liebe auch etwas mit Arbeit zu tun, sie ist neben Glauben und Hoffnung die dritte christliche Tugend.

Glauben ist ein Synonym für Vertrauen: Vertrauen ins Leben, Vertrauen in Gott. Glauben ist etwas Personales: Ich glaube dir, ich verlasse mich auf dich. Glauben ist nicht das Für-wahr-Halten von Sätzen, sondern das Sich-Einlassen und Vertrauen auf den personalen Grund allen Seins. Glauben ist ein existenzielles Geschehen. Glauben und Vertrauen sind Grundelemente der Liebe. Die meisten Fehlhaltungen im zwischenmenschlichen Bereich geschehen durch mangelndes Vertrauen und mangelnde Selbstliebe. Oft kommt es zu Kompensationen, die das Defizit an Selbstannahme und Selbstliebe ersetzen sollen. Alfred Adler (1870–1937) hat eine ganze Psychologie – die Individualpsychologie – daraus entwickelt. Minderwertigkeitskomplexe und mangelnde Selbstannahme können dazu führen, die eigenen Schwächen zu kompensieren oder aber die eigenen Fehlstellungen den anderen Menschen als Projektion vorzuwerfen. Dies geschieht zwischen einzelnen Menschen, aber auch zwischen Gruppen, es geschieht innerhalb der Gesellschaft und zwischen Völkern. Viele Beziehungsstörungen bis hin zu Kriegen haben hier ihre Ursache. Frühkindliche Kränkungen und Verletzungen spielen bei mangelnder Selbstannahme eine große Rolle.

Ähnlich verhält es sich mit den Projektionen: Oft werfen Menschen anderen etwas vor, was sie bei sich selbst nicht akzeptieren können. Biblisch wird dieses Phänomen schwer kritisiert und daraus die ethische Forderung erhoben, daran zu arbeiten, sich zuerst mit den eigenen Schwächen auseinanderzusetzen. Wie schon im Kapitel über die Taufe ausgeführt, soll der Mensch zuerst die Fehlstellungen im eigenen Leben erkennen und aufarbeiten, bevor er die womöglich viel kleineren Fehler beim anderen Menschen kritisiert (vgl. Lk 6, 41–42).

Was über die Lebensphasen gesagt wurde, zielt auch auf eine enge Verbindung zwischen Spiritualität und Psychologie. Eine Psychotherapie kann helfen, bestimmte Hemmnisse wegzuräumen, die den Menschen nicht zu sich und seinem innersten Seelengrund vorstoßen lassen. Sie kann helfen, Vater- und Mutterbeziehung aufzuarbeiten, Ängste anzuschauen und Verhaltensstrukturen zu erkennen. Nicht aber kann sie die letzten Fragen nach dem

Sinn des Lebens, nach Lebensaufgabe und Berufung, Wahrheit und Identität, nach Tod und einem möglichen Leben nach dem Tod beantworten. Eine gute Psychotherapie sollte Raum schaffen für die Dimension des Religiösen, weil diese zum Menschen gehört. Es gibt eine gute, gesunde und heilbringende Religiosität, leider aber auch eine krank machende und pathologische. Die christliche Botschaft sollte eine heilende, ganzmachende und lebensentfaltende sein.

Im Mittelpunkt der christlichen Botschaft steht, dass der Mensch in ein tiefes Gottvertrauen hineinwachsen kann, dass er Geborgenheit findet und von diesem inneren Halt her Frucht bringen kann. „Jede Rebe an mir, die keine Frucht bringt, schneidet er ab, und jede Rebe, die Frucht bringt, reinigt er, damit sie mehr Frucht bringt" (Joh 15,2). Gott hat Substanz (*sub-stare,* darunter stehen), er trägt den Menschen und hilft beim Fruchtbringen. Gutes Fruchtbringen bedarf eines guten Bodens, eines guten Düngers sowie einer intensiven Pflege. Zum guten Boden gehört ein breites Fundament, das inneren Halt gibt, damit sich gute Wurzeln ausbilden können. Der Dünger ist eine gute geistig-geistliche Bildung. Sie soll Sinnfragen und Fragen nach dem letzten Grund allen Seins beantworten. Ein richtig verstandener christlicher Glaube dient dem Heilsein der Seele und hat damit ein ähnliches Ziel wie die Psychologie, reicht aber weiter.

4. Christentum und Medizin

Das Christentum ist eine heilende Religion. Wir sprechen vom Heiland, vom Heiligen Geist, vom Heil und von Heilungen im Neuen Testament. Im Mittelalter wurde Christus oft als „der Arzt“ bezeichnet. Inwiefern ist heutzutage das Christentum heilsam und wirkt die Beziehung zu Jesus Christus heilend? Geht es dabei um Fragen von Wundern in Lourdes und anderen Wallfahrtsorten? Oder geht es um Lebensprozesse, innere Haltungen, Ängste, Vertrauen, die heilend oder krankmachend sind?

Die gegenwärtige Medizin ist nach wie vor weithin naturwissenschaftlich geprägt. Der große Erfolg der westlich-naturwissenschaftlichen Medizin besteht darin, dass sie universalisierbar und auf der ganzen Welt anwendbar ist. Bestimmte Grundaussagen über Krankheitsphänomene gelten nahezu überall. Forschung kann auf der ganzen Welt gemacht, die Ergebnisse können verglichen und in internationalen Journalen veröffentlicht werden. Aber gerade in der gegenwärtigen naturwissenschaftlichen Medizin zeigt sich, dass das Paradigma des Verallgemeinerbaren um jenes des Individuellen erweitert werden muss. Man spricht von individualisierter und personalisierter Medizin. Es zeigt sich, dass Menschen mit ähnlichen Krankheiten auf dieselben Medikamente ganz unterschiedlich reagieren. Das hängt mit ihrer individuellen genetischen Ausstattung zusammen, wie das Fachgebiet der sogenannten „Pharmacogenomics“ herausgefunden hat. So gilt es, das Verallgemeinerbare mit dem ganz Individuellen zusammenzudenken. Jeder Mensch ist einzigartig.

Dieses Individuelle betrachtet auch die psychosomatische Medizin. Sie sucht danach, ob bestimmte Konfliktsituationen, Ängste und Verdrängungen bei Menschen zu ähnlichen Krankheiten führen. Einzelne Biografien werden miteinander verglichen. Geht man einen Schritt weiter, sieht man, dass es bei der Betrachtung der geistig-geistlich-spirituellen Dimension noch mehr um die Einzigartigkeit jedes Menschen geht. Das jeweilige Leben des einzelnen Menschen mit Fragen nach seiner Identität, seinem Wesen, seiner je einzigartigen Berufung, nach dem Sinn seines Lebens tritt in den Vordergrund. Bei diesen Fragen sind Biografien nicht mehr vergleichbar. Jeder hat seinen eigenen Weg durch dieses Leben, jeder hat letztlich sogar seinen eigenen Tod.

So hat jeder Mensch nicht nur eine einmalige genetische Ausstattung, sondern auch eine einzigartige Biografie. Das kann einsam machen. Aber auch hier ist der christliche Glaube eine Möglichkeit, diese Einsamkeit verwandeln zu lassen in eine positive Einmaligkeit, die bei Gott aufgehoben ist und eine ganz individuelle Gottesbeziehung ausdrückt. So trifft das genetisch Einmalige auf das psychisch Individuelle mit den ganz eigenen Konflikten, Ängsten, Sinnfragen – und dieses wiederum auf die einzigartige spirituelle Ausrichtung jedes einzelnen Menschen. Es ist dieser eine Mensch, der krank ist. Immer mehr rückt das Individuelle und Personale ins Zentrum der Medizin und damit auch die spirituelle Dimension.

Das Fachgebiet der Psychoneuroimmunologie wendet sich dem zu und hat schon seit längerer Zeit erkannt, dass dauerhafte seelische Ungleichgewichte negativen Einfluss auf das Immunsystem haben und es unterdrücken können. So können Infektionskrankheiten oder auch Krebs leichter entstehen. Heute kennt man die hinter dem Immunsystem liegenden genetischen Schaltmechanismen, die für seine Schwächung verantwortlich sind. Gene stellen nicht alleine die ganze Information für den Organismus dar, sondern müssen an- und ausgeschaltet werden wie ein Lichtschalter. Diese Schaltinformation nennt man Epigenetik. Auf 30.000 Gene kommen etwa 1,5 Millionen epigenetische

Zusatzinformationen. Diese können im Inneren des Menschen liegen, aber auch im Zwischenmenschlichen, in der Umwelt, der Ernährung, im Sport und in vielem mehr.

Für das Innenleben des Menschen wurden diese Interaktionen von Genetik und Epigenetik so beschrieben, dass „der seelische Stress der Depression mehrere Gene des Immunsystems ab[stellt], die für die Produktion von Immunbotenstoffen zuständig sind".[44] Das heißt, dass durch seelische Zustände Gene abgeschaltet werden, die eigentlich für ein gut funktionierendes Immunsystem notwendig wären. Bezüglich des Einflusses von zwischenmenschlichen Beziehungen auf diese Vorgänge fasst Joachim Bauer in seinem Buch „Das Gedächtnis des Körpers" die genetisch-epigenetischen Verschaltungen so zusammen: „Dass zwischenmenschliche Beziehungen Einfluss auf die Aktivität von Genen und auf biologische Abläufe haben, hat sich auch für das Immunsystem als zutreffend erwiesen. Stress und Depression verändern die Genaktivität nicht nur bei zahlreichen Immunbotenstoffen (Zytokinen), sondern auch in Zellen des Immunsystems (T-Zellen und Natural-Killer-Zellen), sodass deren Abwehrkraft gegenüber Erregern und gegenüber Tumorzellen entscheidend vermindert ist."[45]

Inzwischen sind viele weitere Zusammenhänge zwischen dem Denken und Fühlen mit den genetischen Verschaltungen gefunden worden. Die Palette der neuesten Erkenntnisse über diesen „Dialog" ist groß: Das menschliche Verhalten wird neu erklärt, Erbanlagen und Umwelt beeinflussen sich gegenseitig.[46] Es werden zunehmend Schalter im Gehirn gefunden, die für die Entwicklung des Gehirns und für Krankheiten eine besondere Rolle spielen.[47] Auch die Epigenetik von neurodegenerativen Erkrankungen wie Morbus Alzheimer wird genauer erforscht.[48] Schließlich wird das Sozialverhalten der Menschen in ihren Auswirkungen auf das Genom untersucht.[49]

Etwas zu kurz kommt bei diesen Untersuchungen die Betrachtung der Innenwelt des Menschen mit seiner spirituellen Dimension. Was diese Dimension bedeutet, ist klar gemacht worden im Kapitel über christliche Spiritualität und die Unterscheidung der Geister, wo es um Analyse der inneren Stimmungen im Menschen ging. Der menschliche Geist und das menschliche Innenleben können die Materie verändern. Das sah man schon früher beim Lügendetektor: Beim Lügen und bei Aufregungen verändert sich der Hautwiderstand und das ist messbar. Heute kann man mittels Computertomografie die Veränderungen im Gehirn bei geistigen Aktivitäten wie Denken oder auch Meditieren exakter beobachten. Die Gehirnaktivitäten haben wiederum Einfluss auf die genetische Ebene: „Auch das Gehirn ... nimmt direkten Einfluss darauf, welche Gene einer Zelle aktiviert und welche Funktionen von der Zelle infolgedessen ausgeführt werden.“[50]

Es wurde gezeigt, dass eine gute christliche Spiritualität zu innerer Harmonie und seelischer Stimmigkeit führt und von dort aus Einfluss auf das Immunsystem und die genetische Ebene hat. Auch bei der Therapie von Krebserkrankungen ist an solche Zusammenhänge zu denken.[51] Sie alle haben einen genetischen Hintergrund (wenige vererbt, die meisten erworben), aber – wie gesagt – nicht jedes geschädigte Gen macht schon krank, sondern Gene müssen an- und abgeschaltet werden. Innerer Friede und Freude haben bessere Auswirkungen auf die genetische Verschaltungsebene als Zerrissenheit, Angst und Unruhe.

Von Depressionen sagt Joachim Bauer, dass „der seelische Stress der Depression mehrere Gene des Immunsystems ab[stellt]“.[52] Depressionen werden nahezu zu einer Volkskrankheit. Es gibt viele Ursachen für sie: genetische Veranlagungen, biografische Einflüsse, Abhängigkeiten, Nachwirkungen von Schwangerschaften oder auch einschneidende Erlebnisse. Aber es gibt auch eine Nähe zu spirituellen Fragen. Wenn man das schon erwähnte Ignatius-Zitat nimmt, in dem es heißt, Trostlosigkeit sei die „Verfinsterung der Seele, Verwirrung in ihr, Hinneigung zu den niedrigen und erdhaften Dingen, Unruhe verschiedener Getriebenheiten, wobei sich die Seele ganz träg, lau, traurig findet und wie getrennt von ihrem Schöpfer",[53] dann findet man ähnliche Beschreibungen in Psychiatriebüchern über Depressionen. Eine Depression ist zwar von einer geistlichen Trostlosigkeit zu unterscheiden, aber in einer biografischen Aufarbeitung können diese Aspekte im Hintergrund einer Depression eine Rolle spielen.

Auch der tägliche seelische und körperliche Stress allein kann schon zu Krankheiten führen. Hier käme es darauf an, jeden Tag etwas Stille und Leere einzulegen, um den Tagesablauf zu entschleunigen und den Blick wieder klar zu bekommen. Dies ist in stressüberladenen westlichen Gesellschaften absolut notwendig.[54] Burn-out und Depressionen sind oft Folgen von nicht verarbeitetem Stress.

Therapeutisch könnte man gerade bei schweren oder chronischen Krankheiten in einer Art spirituellen Biografiearbeit – wie Sigmund Freud dies für die psychologische Ebene getan hat – analysieren, wo es Zeiten gegeben hat, in denen der Mensch ganz mit sich eins, innerlich stimmig und *bei sich* war (Lebensfreude, Friede, Enthusiasmus) und auf der anderen Seite aus dieser inneren Mitte und Stimmigkeit herausgefallen ist. Wie eine Psychotherapie auf psychologischem Gebiet das Verhältnis zu den Eltern, zum Unbewussten, zu den Schattenseiten und zum Verdrängten anschaut, könnte dies auch im Bereich der spirituellen Ebene der Gottesbeziehung und der emotionalen Bewegtheiten der Seele geschehen.

So wie Sigmund Freud (1856–1939) meinte, dass durch die Verdrängung von Trieben Krankheiten entstehen, kann aus geistlicher Sicht auch die Verdrängung von göttlichen Antrieben zu Krankheiten führen. Sollte der Mensch in eine solche Situation geraten, kann er rückblickend seine Entscheidungen anschauen und überlegen, wo er womöglich einem göttlichen Anruf ausgewichen ist. Vielleicht kann er so manche Fehlentwicklung verstehen lernen und sich zumindest innerlich neu ausrichten, wenn auch im Außen keine Änderungen mehr vorgenommen werden können. Womöglich findet er langsam wieder Zugang zu seinem Seelengrund und zum Quell lebendigen Wassers. Wenn dieser innerste Kern wieder freigelegt ist, kann sich die alte Lebenskraft neu entwickeln und zu Heilungen beitragen. Manche Krankheit zwingt den Menschen zur Ruhe, damit sein Inneres sich wieder ordnen kann.

Allerdings findet innere Harmonie nicht immer ihren Ausdruck in Gesundheit. Denn der Mensch lebt in einer unerlösten und damit auch krank machenden Umgebung. Wer Strahlung aus einem Atomkraftwerk empfängt, bekommt mit hoher Wahrscheinlichkeit eine Erkrankung, auch wenn er noch so gut lebt. Es gibt auch menschliche Umgebungen, die krank machen. Es kann die schlechte Atmosphäre am Arbeitsplatz sein oder auch das schlechte Klima in einer Familie. Kinder können „Symptomträger" elterlicher Verstellungen sein. Sie tragen „stellvertretend" etwas aus, was eigentlich von den Eltern hätte bearbeitet werden müssen. Umgekehrt führt nicht jedes Abweichen vom Weg schon zu einer Krankheit und bringt die physiologischen Abläufe durcheinander. Außerdem gibt es im Organismus viele Reparaturmöglichkeiten. Daher spielt die Dauer der inneren Unstimmigkeiten eine Rolle. Erst wenn sie zu lange anhalten, kann es zu krank machenden Auswirkungen kommen. Wenn man kleinere Zeichen rechtzeitig bemerkt und sein Leben korrigiert, kann das Innere wieder geordnet werden. Die Möglichkeit, sein Leben zu verändern, besteht ständig. Zwar ist äußerlich oft nichts mehr zu korrigieren, aber innere Veränderungen sind immer möglich. „Wenn auch unser äußerer Mensch aufgerieben wird, der innere wird Tag für Tag erneuert" (2 Kor 4,16). Zu dieser Erneuerung kann der Mensch etwas beitragen. Er sollte sich immer wieder Zeit dafür nehmen.

5. Christentum und Naturwissenschaft

Zwischen dem Christentum, der christlichen Theologie und den naturwissenschaftlichen Erkenntnissen gibt es keinen Widerspruch. Es ist der eine göttliche Logos, der in der Person Jesu Christi, in jedem Menschen und in der Schöpfung wirkt. Die Welt ist geordnet, daher kann man in China dieselbe Forschung betreiben wie in Europa. Die Ordnung der Welt ist Voraussetzung für die Erforschung der Natur. Wäre die Welt nicht geordnet, könnte sie nicht existieren und es gäbe keine Naturwissenschaften. Die Sonne geht jeden Morgen wieder im Osten auf und nicht zufällig mal im Süden. Genau genommen geht sie gar nicht auf, sondern steht still.

Das Herz schlägt immer, die Leber ist zur Entgiftung da und die Lunge zum Atmen. Kommt diese Ordnung durcheinander, stirbt der Organismus. Das geschieht zum Beispiel bei Krebserkrankungen. Hier können Zellen aus der Lunge als Metastasen im Gehirn auftauchen. Dort gehören sie nicht hin, die Ordnung ist gestört, der Organismus stirbt. Ordnung bedeutet aber nicht starre Ordnung, sondern eine grundsätzliche Geordnetheit mit viel Flexibilität, Freiheitsgraden, „Zufällen". Diese können sich nur innerhalb einer Ordnung entfalten und nicht in Systemen, wo alles Zufall wäre. Wenn alles Zufall ist, gibt es den Zufall nicht mehr.

Der eine Logos wirkt in unterschiedlicher Weise in der Welt. Daher sind auch die Methoden der wissenschaftlichen Interpretation der Welt unterschiedlich. Die Naturwissenschaften versuchen zu erklären, wie die Welt „funktioniert". Sie stellen dazu Theorien auf und versuchen, diese durch Experimente zu bestätigen. Gelingt die Bestätigung, dann zeigt sich, dass die Theorie tragfähig ist. Sie wird verifiziert. Gelingt es nicht, hat sich die Theorie als falsch erwiesen und wird falsifiziert. Es muss eine andere Theorie gesucht werden. Die Methoden der Naturwissenschaften sind die des Experimentes, der Messbarkeit und Wiederholbarkeit.

Die Theologie als Geisteswissenschaft und Integrationswissenschaft hat ganz andere Fragen und Methoden. Sie fragt zum Beispiel, warum es die Welt überhaupt gibt und nicht vielmehr nichts, was der Sinn des Lebens ist und wie es nach dem Tod womöglich weitergeht. Die Theologie als Geisteswissenschaft macht keine Experimente, sie misst auch nichts und die Bibel ist kein naturwissenschaftliches Buch. Schwer verständlich ist der immer wieder auftauchende Streit zwischen Theologie und Naturwissenschaft. Es ist eigenartig, warum die wissenschaftstheoretischen Unterschiede zwischen Naturwissenschaften und Geisteswissenschaften so wenig reflektiert werden.

Ebenso wenig verständlich ist aus heutiger Sicht, warum die offizielle katholische Kirche sich gegen die Einsicht gewehrt hat, dass die Sonne im Mittelpunkt des Sonnensystems steht. Aus damaliger Sicht war es offensichtlich so, dass die Erde im Mittelpunkt stehen musste, weil ja Gott seinen Sohn auf *diese* Erde sandte. Hier gab die Interpretation der Bibel etwas vor, was dann kosmologisch korrigiert wurde. Diese neue Erkenntnis erwies sich dann aber auch theologisch als sinnvoll. Denn die Erde ist dunkel und könnte ohne die Sonne gar nicht mit allen ihren Lebensformen existieren. Außerdem ist die Vorstellung von Jesus Christus als dem Licht der Welt besser mit dem heliozentrischen Weltbild und der Sonne im Mittelpunkt vereinbar. Hier zeigt sich, dass nicht die Bibel etwas vorgeben kann, was dann naturwissenschaftlich bestätigt werden muss, sondern dass umgekehrt die Naturwissenschaften eigenständig forschen (was auch vom II. Vatikanischen Konzil 1962–1965 ausdrücklich anerkannt wird). Die Theologie kann dann schauen, ob sie deren Erkenntnisse auch theologisch sinnvoll einordnen kann. Das geht meistens sehr gut und kann auch die Theologie zum Weiterdenken anregen.

Gegenwärtig geht es um die Frage, wie sich Evolutionstheorie und Schöpfungsglaube vertragen. Die eine ist, wie der Name schon sagt, eine Theorie, die versucht zu erklären, wie sich die Welt möglicherweise evolutiv entwickelt hat. Sie könnte theoretisch bald durch eine neue Theorie ersetzt werden. Die Theologie fragt viel grundsätzlicher, warum es die Welt überhaupt gibt und wie sie entstanden sein könnte. Sollte die Urknalltheorie gelten, bleibt die Frage, was davor war: Wo nichts ist, knallt auch nichts. Das Werden aus dem Nichts ist das, was man theologisch als Schöpfung bezeichnet. Mancher sagt, es habe eine Energie gegeben. Das Wort Energie kommt von *en-ergeia* und das heißt: etwas ins Werk setzen.

Schöpfung, so könnte man sagen, geht evolutiv vonstatten. Sie ist so angelegt, dass sie sich von selbst entwickelt. Ähnlich wie bei der Entstehung eines Embryos durch die Verschmelzung von Samen und Eizelle eine Initialzündung gesetzt wird, die sich dann von alleine weiterentwickelt, könnte es auch mit der Schöpfung gewesen sein. Eine Initialzündung setzt den Beginn (Urknall) und dann entwickelt sie sich von selbst weiter. Hier gibt es Ähnlichkeiten zwischen Embryonalentwicklung und Evolution, die die Forschungsrichtung *Evo-Devo (evolutionary development)* untersucht. Die Vorstellung von der evolutiven Entwicklung der Welt kann möglicherweise auch sehr viel besser mit der Vorstellung von der Schöpferkraft Gottes korrelieren als die Vorstellung einer Schaffung der Welt in sechs Tagen, die eher an ein mechanistisch-handwerkliches Geschehen erinnert.

Es ist also im Christentum *nicht* so – das sei wiederholt –, dass die Bibel vorgibt, was naturwissenschaftlich zu denken ist, sondern dass die Naturwissenschaften eigenständig mit ihren Methoden die Welt erforschen. Die Naturwissenschaften haben sich aus der Umklammerung durch die Theologie gelöst und eine moderne Theologie könnte viel von den Naturwissenschaften lernen über den Dialogcharakter und den Werdeprozess der Welt. Naturwissenschaftliche Erkenntnisse können falsche Gottesbilder zurückdrängen (Gott als der Lückenbüßer für Unerklärliches) und könnten – wenngleich das nicht ihre primäre Aufgabe ist – die Größe des Schöpfergottes umso mehr zur Geltung bringen. Umgekehrt könnte auch theologisches Denken die Naturwissenschaften inspirieren und auf der Basis des dialogischen Gottesbildes fragen, ob es Spuren dieses Dialoges auch in der Natur gibt, wie sich jetzt in den Wechselwirkungen zwischen Genetik und Epigenetik zeigt. Der eine Logos ist in je unterschiedlicher Weise überall anwesend.

6. Christentum und Bildung

Allgemeines

Ein wesentliches Gleichnis im Neuen Testament ist jenes von den Talenten (Mt 25, 14–30), wobei Talent hier Begabungen meint. Der Begriff kann aber auch ein Geldstück bezeichnen. Es geht darum, dass der Mensch seine Gaben nicht nur nutzt, sondern vermehrt und zum Beispiel aus fünf Talenten zehn macht. Er soll Neues hinzugewinnen, was er bisher noch nicht hatte, und insofern mitschöpferisch tätig sein mit der Kreativität des Schöpfers. Dieses Gleichnis kann man auch gut auf die Bildung anwenden.

Denn eine gute Bildung umfasst nicht nur eine Ausbildung mit dem Erlernen von Sachwissen, sondern die Bildung des ganzen Menschen. Bildung hat eine Art Hebammenfunktion, den Menschen zu helfen, das aus ihnen herauszubilden, was in ihnen angelegt ist. Dostojewski hat es in etwa so gesagt, dass einen Menschen zu lieben bedeute, ihn so zu sehen, wie Gott ihn gemeint haben könnte. In anderen Worten: das aus ihm „herauszulieben", was Gott als Bild in ihn hineingelegt hat. In der Bildung gehört neben der Vermittlung von Sachwissen auch eine Erziehung zu den ethischen Werten dazu, die den Menschen und die Kultur prägen. Schließlich braucht es eine gute spirituelle Erziehung, damit die Menschen die Innenseite ihres Daseins besser verstehen lernen. Ohne eine solche Dreidimensionalität der Bildung und der damit verbundenen Fähigkeit zur Interpretation der komplexen Welt wird der Mensch sich nicht gut in der Welt zurechtfinden. Es braucht eine Reflexion darüber, wer der Mensch ist, was er erkennen kann (Sachverstand), was er tun soll (Ethik) und was er hoffen darf (Religion/Spiritualität). In diesem Dreiklang hat auch

Immanuel Kant die entscheidenden Fragen des Lebens in seinen verschiedenen Werken behandelt.

Eine ethische Erziehung kann auf eine Vielfalt von Grundlagen zurückgreifen. Die griechische Philosophie mit der Strebens- und Glücksethik des Aristoteles zählt genauso dazu wie die erwähnten Tugenden von Klugheit, Gerechtigkeit, Tapferkeit und Maß. Aus den Weltreligionen sind die Zehn Gebote des Judentums von Bedeutung, ebenso die christlichen Tugenden Glaube, Hoffnung und Liebe, Nächsten- und Feindesliebe; und schließlich noch die „Goldene Regel", die besagt, dass man den anderen so behandeln soll, wie man selbst behandelt werden will. In der abendländischen Philosophie spielt die Vorstellung von der „Menschenwürde" bei Immanuel Kant eine essenzielle Rolle im Verständnis moderner Ethik.

Gerade die Erziehung zur Nächsten- und Feindesliebe ist für die Gesellschaft von großer Bedeutung. Es ist ein Unterschied, ob jemand zu diesen Werten erzogen wird oder zu einem religiösen Fanatiker mit militanter Attitüde. Daher ist Religion keine Privatsache. Sie prägt Menschen und Menschen prägen Gesellschaften. Das christliche Gebot der Feindesliebe soll den Rachegedanken und das Vergeltungsdenken überwinden. Es soll die Spirale von Gewalt und Gegengewalt durchbrechen. Eine christliche Erziehung dient dem einzelnen Menschen und der Gesellschaft.

Eine eindimensionale fachspezifische Ausbildung ist heute nicht mehr zeitgemäß und dient weder den Menschen noch dem Staat. Es braucht in der Schule und später an der Universität Fächer wie Medizinethik, Wirtschaftsethik, politische Ethik. Auch ein Wirtschaftler sollte wissen, wer der Mensch ist, warum er wirtschaftet, welche Grundwerte die europäische Kultur ausmachen und wie mit Menschenwürde und Menschenrechten im Kontext der Wirtschaft umgegangen wird. Auch sollte er wissen, welche Verantwortung die Wirtschaft hat und wie man gute, langfristig tragfähige und kluge Entscheidungen trifft. Dasselbe gilt auch für Politiker, Wissenschaftler, Ärzte, Erzieher, Lehrer, Hochschullehrer und für viele nichtakademische Berufe.

Die Ethik lebt von Argumenten und guten Gründen. In der religiösen Erziehung wird oft wenig argumentiert. Nicht selten werden der Glaube oder Glaubenswahrheiten einfach unreflektiert weitergegeben.[55] Der christliche Glaube lebt aber auch von der Reflexion. Er muss Vernunftargumenten standhalten und dient selber wiederum der vertieften Erkenntnis. *Fides quaerens intellectum* heißt es bei Anselm von Canterbury (1033–1109), „der Glaube sucht die reflektierende Vernunft". Und umgekehrt: *credo ut intelligam*, „ich glaube, damit ich einsehe, damit ich besser die Zusammenhänge der Welt verstehe". Christlicher Glaube ist somit nicht irrational, sondern vernünftig.

So könnte in einem Ethikunterricht in den Schulen reflektiert werden, welche ethischen Normen hinter bestimmten Gesetzen liegen, welche Grundwerte die europäische Kultur prägen, welche Argumente rein philosophischen Überlegungen entspringen und welche implizit einen religiösen Hintergrund haben. Oft zeigt sich, dass sich beide Bereiche gegenseitig durchdringen. Schon beim Gebot „Du sollst nicht töten" wird klar, dass der Mensch sich dieses Gebot mit seiner Vernunft erschließen kann, er findet es aber auch in den Zehn Geboten des Judentums.

Eine ethische Argumentation muss gute Gründe liefern, warum sie zu diesem oder jenem ethischen Urteil und zu konkreten Handlungsanweisungen kommt. Autoritätsargumente wie „Gott will das so" oder „Das ist Allahs Wille" können in einer pluralen Gesellschaft keine Geltung haben. Der Muslim könnte sagen, dass ihn der christliche Gott nicht interessiert, und der Christ, dass die Gesetze Allahs ihn nichts angehen. Ob beide Religionen sich aufeinander zubewegen können, hängt auch davon ab, ob der Einzelne die Fähigkeit hat, seine eigene Religion argumentativ darzustellen und sich mit dem jeweils anderen über dessen ethische und spirituelle Werte auszutauschen. Jeder sollte über seinen Glauben und seine Religion Bescheid wissen und Rechenschaft ablegen können.

Eine zentrale Frage ist auch, ob alle Religionen an denselben Gott glauben. Jedenfalls sind die Ausprägungen unterschiedlich: Das Wort Gottes ist im Christentum eine lebendige Person (Jesus Christus), im Islam ist das Wort Gottes im Koran Buchstabe geworden. Das Christentum spricht von der Inkarnation, also der Menschwerdung des Wortes Gottes, und der Islam von der Illiteration, von der Buchwerdung des Wortes Gottes.

Diese Unterschiede in den Gottesbildern sowie die Frage nach der Vermittlung des Wortes Gottes, ob es das Wort Gottes als ein lebendiges Menschenwort ist wie im Christentum oder ob es direkt in den Buchstaben des Koran diktiert worden ist wie im Islam, müssen beim Namen genannt werden. An der Frage nach dem Gottesbild hängen auch viele Fragen nach den verschiedenen Menschenbildern. Es geht zum Beispiel um das Problem, ob das jeweilige Gottesbild kompatibel ist mit einer demokratischen Verfassung, mit der Trennung von Kirche und Staat. Es geht dabei um Überlegungen zur Vernünftigkeit der Religion, der Möglichkeit philosophischer Argumente im Kontext des Religiösen, es geht um Fragen von Nähe und Ferne Gottes sowie um das konkrete Wirken Gottes in dieser Welt. Hier besteht einiger Diskussionsbedarf.

Was sollen Kinder und Jugendliche also für die Zukunft lernen? Wie werden sie auf die Herausforderungen der nächsten Jahrzehnte vorbereitet? Natürlich sollen sie Mathematik und Geschichte lernen, ihre Muttersprache und Fremdsprachen, aber auch alte Sprachen wie Griechisch und Latein. Diese fördern das Denkvermögen, das Verständnis für die Welt und die europäische Kultur. Auch eine philosophische und theologische Bildung ist von großer Bedeutung. Es gehört zum Wesen des Menschen, sich über die Grundfragen des Lebens Gedanken zu machen und nicht nur über das, was wirtschaftlich etwas bringt. Das im Kapitel über die Reifungsphasen und die Kindheit schon erwähnte Konzept, bereits in Grundschulen den Kindern Ethik durch Philosophie nahezubringen, scheint sehr vielversprechend.

Sachverstand und Empathiefähigkeit

Neben dem Erlernen von Sachinhalten und einer ethischen Bildung müssen junge Menschen auch sozial gebildet werden. Vereinzelung und Isolation nehmen zu, trotz (oder aufgrund) sozialer Netzwerke im Internet. Virtuelle Welten, Scheinwelten, Mobbing, Egoismus, Ich-Kultur, Internetsucht sind Gefahren der Gegenwart. Zur sozialen Kompetenz gehört, auf den anderen zu achten und ihn in seiner Not und Freude anzunehmen, begleiten und „verstehen“ zu können. Zu diesem Schauen auf den anderen und dem Sich-Einfühlen (Empathiefähigkeit) können Spiel und Sport beitragen, vor allem aber stabile menschliche Beziehungen. Diese bestehen idealerweise schon im Elternhaus.

Aus stabilen Beziehungen heraus können junge Menschen innere Standfestigkeit entwickeln, die sie mit anderen Menschen offen und frei umgehen lassen. Eine gute religiöse und spirituelle Erziehung sollte zum Erlangen dieser inneren Stabilität beitragen. Religion sollte Vertrauen vermitteln und nicht Angst, inneren Halt und nicht Verunsicherung. Sie sollte jungen Menschen zum Selbststand verhelfen inmitten der Unsicherheiten des Lebens. Religiöser Glaube kann helfen, die Spannung des Lebens auszuhalten und vielleicht sogar fruchtbar zu machen. Eine gute Religiosität muss den Menschen aus der Fremdbestimmung zu sich selbst hin befreien: aus der Fremdbestimmung zur Selbstbestimmung, aus der Heteronomie zur Autonomie.

Niemand kann alleine die Herausforderungen dieser Welt bewältigen. Menschen brauchen einander. Ein gutes Verhältnis zu sich selbst ist die unabdingbare Voraussetzung für ein solches Miteinander. Der Mangel an Selbstliebe und ein Verlust an Empathiefähigkeit führen womöglich dazu, dass es einigen unmöglich wird, Freundschaften in der realen Welt zu schließen. Sie verlieren den Kontakt zu anderen und schließlich zu sich selbst. Innerlich abgestumpft sind sie nicht mehr in der Lage, sich auf wirkliche Freundschaften einzulassen oder die Not anderer wahrzunehmen.

Diese Isolation kann bis hin zu unkontrollierbaren Aggressionen gegen Eltern, Lehrer, Mitschüler, sozial Schwache und Ausländer führen. Die „da draußen" werden zu Feinden, die es zu bekämpfen gilt. Mangelnde Empathiefähigkeit, verbunden mit einem Defizit an innerer Standfestigkeit und Souveränität, kann zur Abschottung und Gettoisierung führen. Wenn gerade junge Menschen in Umbruchphasen in solche Isolierungen geraten, steigt die Gefahr, dass sie von kriminellen Gruppen angeheuert werden und dort neue Anerkennung, Selbstwertgefühl, Zugehörigkeit und eine vermeintliche „Heimat" finden. Um das zu verhindern, sind reale und nicht nur virtuelle soziale Kontakte von großer Bedeutung. Gerade junge Menschen sollten mitfühlend aufeinander achtgeben.

Der Mensch soll selbst zur Entfaltung kommen, aber dabei den Nachbarn und das Gemeinwohl nicht vergessen. Egozentrismus, Ellbogengesellschaft und Selbstverwirklichung im egoistischen Sinn dienen weder dem Einzelnen noch der Gesellschaft. Theologisch gesagt: Leben gelingt letztlich nur im Dreiecksverhältnis von Gottesbeziehung, Selbstbeziehung und Beziehung zum Nächsten.

Spiritualität und Ethik

Wie beschrieben ist die beste Voraussetzung für eine gute Erziehung und Bildung ein stabiles Elternhaus, das die Basis für ein gutes Grundvertrauen ins Leben legt. Das Erlernen dieses Grundvertrauens ist essenziell für die Vermittlung des christlichen Glaubens und der christlichen Spiritualität. Eine gute spirituelle Ausbildung kümmert sich um das Innenleben des Menschen und leitet dazu an, wie der Mensch wahrnehmen kann, was sich in ihm ereignet. So wie der Dalai Lama auf die Frage, was für ihn Gebet sei, ungefähr gesagt hat, dass es darum gehe, achtzugeben auf das, was in mir vorgeht. Eine gut strukturierte Spiritualität sollte den Menschen von innen her so ausrüsten, dass er erkennen kann, was von Gott her richtig ist und wie er es dann mit göttlicher Hilfe (Gnade) umsetzen kann.

Beim Einüben in eine solche Innenschau, die der größeren Klarheit im Leben dient, soll der Mensch vor allem still werden, in sich hineinhören lernen und nicht nur viele Gebete herunterplappern. „Wenn ihr betet, sollt ihr nicht plappern wie die Heiden“ (Mt 6,7). Beten ist oft mehr Schweigen und Hören als Reden. Deshalb heißt es von Jesus immer wieder, er ging in die Einsamkeit, um zu beten (Lk 9,18). „In aller Frühe, als es noch dunkel war, stand er auf und ging an einen einsamen Ort, um zu beten“ (Mk 1,35). Zu den Menschen sagt er: „Du aber geh in deine Kammer, wenn du betest, und schließ die Türe zu; dann bete zu deinem Vater, der im Verborgenen ist“ (Mt 6,6). Macht nicht viel Worte wie die Heiden, „denn euer Vater weiß, was ihr braucht, noch ehe ihr ihn bittet“ (Mt 6,8). Dann folgt das Vaterunser, das eine große Gebet, das von Jesus selbst überliefert ist.

Ein christliches Gebet kann ähnlich wie beim Sitzen im Zen-Buddhismus sehr still sein, aber es hat immer einen Beziehungscharakter (*Vater Unser, Dein* Name werde geheiligt, *Dein* Wille geschehe, *Dein* Reich komme; Mt 6,9). Das Reich Gottes soll kommen, es ist das Reich des inneren und äußeren Friedens, des Fruchtbringens und des kindlichen Vertrauens. Der Wille Gottes soll geschehen und der Mensch soll ihn suchen. So findet er seinen Platz im Leben und im Plan Gottes, er findet seine Berufung, seinen Frieden und sich selbst. Der Mensch bittet um das tägliche Brot und um die Vergebung der Sünden, er will nicht in Versuchung geführt und vor dem Bösen bewahrt werden.

So ist christliches Gebet einfach und schlicht. Es geht um ein direktes Gottesverhältnis, das den Menschen nach dem Willen Gottes fragen lässt. „Glauben ist Gehorsam", so hat es Hans Urs von Balthasar formuliert; aber Gehorsam nicht primär einem äußeren Gesetz oder Über-Ich gegenüber, sondern der inneren Stimme des göttlichen Geistes gegenüber. Diese innere Stimme ist nur dann Gottes Stimme, wenn sie sich im Bereich des Guten und der Zehn Gebote bewegt. So gehören Ethik und Spiritualität zusammen oder anders gesagt: äußere Normen und das Hören auf die innere göttliche Stimme, die innerhalb der Normen zu etwas Besonderem rufen kann.

Die Ethik des Aristoteles und auch jene des Thomas von Aquin suchen nach den Tugenden auf dem Wege zum Glück, die christliche Spiritualität eines Ignatius von Loyola nach dem göttlichen Willen, der den Menschen zur Fülle des Lebens führt. Der christliche Gott ist kein äußerlich befehlender, sondern ein innerlich antreibender, er ist kein Gesetzesgott, der als Über-Ich den Menschen unterdrückt, sondern – wie Augustinus sagt – dem Menschen innerlicher ist, als dieser sich selbst sein kann. Er ist in dem Sinne eine Autorität, als er den Menschen von innen her groß machen will. Der Begriff „Auferstehung" zeigt das an: dass der Mensch aufrecht stehen soll, dass er nach dem Tod auferstehen wird, aber dies auch schon mitten im Leben vollziehen kann.

7. Christentum und Politik

Das Christentum ist keine politische Religion. Schon im Neuen Testament spricht Jesus davon, dass sein Reich nicht von dieser Welt sei: „Mein Königtum ist nicht von dieser Welt. Wenn es von dieser Welt wäre, würden meine Leute kämpfen“ (Joh 18,36). Und an anderer Stelle heißt es bei Paulus: „Wir leben zwar in dieser Welt, kämpfen aber nicht mit den Waffen dieser Welt“ (2 Kor 10,3). Jesus spricht davon, dass er keine Soldaten hat, die für ihn kämpfen. „Steck dein Schwert in die Scheide, denn alle, die zum Schwert greifen, werden durch das Schwert umkommen“ (Mt 26,52). Und schließlich antwortet er auf die Frage nach den Steuern: „Gebt dem Kaiser, was dem Kaiser gehört, und Gott, was Gott gehört“ (Mk 12,17). Hier ist die Trennung von Kirche und Staat schon vorgezeichnet.

Jesu Reich ist nicht von dieser Welt, es ist das Reich des Himmels und des inneren Menschen. Dieses Reich bringt Frieden und Versöhnung. Es geht nicht um einen innerweltlichen „Gottesstaat“, sondern um das innere Reich des Menschen. Es ist ein Reich des Friedens, der Freude, der Liebe. Da ist kein Platz für Aggressionen und ein militärisches Regime. Dennoch darf der Christ sich verteidigen, wenn er angegriffen wird. Dieser Grundsatz ist in der Geschichte des Christentums nicht immer gelebt worden. Auch hier gab es aggressive Gewalt, innerweltliche Machtansprüche des Papsttums, Kreuzzüge und politische Macht, Unterdrückung von Völkern zusammen mit Kolonialisierungen und Zwangstaufen, Hexenverbrennungen und Inquisition, bei dem man fragen darf, ob dies alles christlich war.

Es war in den bisherigen Ausführungen schon die Rede von der äußeren und der inneren Befreiung des Menschen. Ein Staat müsste daran interessiert sein, seine Bürger so auszubilden, dass sie ihre Freiheit, Identität, Mitte, Berufung und Wahrheit finden. So werden sie zufriedener, friedlicher und letztlich auch gesünder durch das Leben gehen. Der Staat sollte Rahmenbedingungen schaffen, dass die Menschen ihre Talente entfalten können im Dienst an sich selbst, dem Nächsten und der Gesellschaft. Eine Demokratie ist die am besten geeignete Staatsform, diese Werte zu vermitteln: Entfaltungsmöglichkeit, Freiheit, Respekt vor dem anderen, Würde des Menschen. Umgekehrt lebt die Demokratie von gut ausgebildeten mündigen Bürgern, die mitwirken können an der Gestaltung der Gesellschaft und der Welt.

Diese Werte entstammen einem Menschenbild, das hier aufgezeigt wurde: „Es gibt nicht mehr Juden und Griechen, nicht Sklaven und Freie, nicht Mann und Frau; denn Ihr seid ‚einer' in Christus Jesus" (Gal 3,28), und schließlich, dass Christus den Menschen zur Freiheit befreit hat (Gal 5,1). Die Bedingung der Möglichkeit dieser Freiheit ist die Freiheit Gottes selbst, die im dreifaltigen Gottesbild mit dem Personbegriff entfaltet wurde.

Geschichtlich betrachtet wurden diese ursprünglich religiösen Werte langsam in einen säkularen Kontext überführt. Diese Säkularisierung ist insofern zu begrüßen, als Begriffe wie Person, Freiheit, Menschenwürde und Menschenrechte dadurch universal werden. Sie sind aus verschiedenen Quellen entstanden und im Christentum vor allem im 13. Jahrhundert durchreflektiert worden.[56] Immanuel Kant hat sie im 18. Jahrhundert weitergeführt. Die Vorstellungen von der Würde des Menschen, der Gleichberechtigung von Mann und Frau, der gleichen Bildungschancen, der Wahrung der Intimsphäre, der staatlichen Hilfsprogramme, Arbeitslosengeld, Versicherungen, Krankenkassensysteme, Rechtsstaatlichkeit, Trennung von Kirche und Staat, Meinungsfreiheit, Redefreiheit, Gewissensfreiheit, Versammlungsfreiheit sind weithin – wenn auch oft nach langem Ringen und zum Teil gegen den

Widerstand der Kirche als Institution – aus einem christlichen Menschenbild entstanden.

Aufgrund dieses Reflexionsniveaus des Christentums ist es möglich, viele theologische Inhalte weitgehend philosophisch zu formulieren. So werden heute meist philosophische Argumente für die konkrete Politik verwendet und nicht theologische oder biblische. Mit der Bergpredigt kann man nicht direkt Politik machen, sehr wohl aber den Auftrag aus ihr entnehmen, für den Frieden zu arbeiten, für Gerechtigkeit, Versöhnung anzustreben, nicht Gleiches mit Gleichem zu vergelten und nicht Rache und Hass zu predigen (Mt 5). Man kann aus religiösen Schriften (Bibel) nicht *direkt* Werte für einen Staat ableiten. Es bedarf der vernünftigen Reflexion und eines Zwischenschrittes bei der Interpretation religiöser Grundaussagen für die Umsetzungen von Normen und Werten im Staat.

Dies ist ein Hauptdiskussionspunkt mit manchen Vertretern des Islams: ob man direkt aus dem Koran ohne eine Zwischenreflexion Gesetze für den Staat ableiten kann. In vielen Teilen der muslimischen Welt gibt es diesen Zwischenschritt der Reflexion nicht und keine Trennung zwischen „Kirche"[57] und Staat. Dies hat Folgen für die konkrete Gesetzgebung. Die Trennung von Kirche und Staat ist eine hohe kulturelle Errungenschaft im Christentum.

Religiöse Grundaussagen müssen vor der Reflexion der Vernunft standhalten. Nach dem Durchgang durch eine vernünftige Reflexion der religiösen Inhalte kann sich ein gutes Verhältnis zwischen Religionsgemeinschaften und Staat entwickeln. In vielen christlichen Ländern gibt es eine gute Kooperation zwischen beiden. Ein säkularer Staat lebt von Werten, die er sich selbst nicht geben kann.

Umgekehrt muss sich auch die Kirche fragen lassen, ob die Werte, die im Christentum entstanden sind, in der eigenen Organisation umgesetzt werden. Ein wichtiges Beispiel hierfür ist die

Gewissensfreiheit, die Thomas von Aquin schon im 13. Jahrhundert durchreflektiert hat. Sie wurde staatlicherseits 1949 offiziell in den Katalog der Menschenrechte der UNO-Menschenrechtsdeklaration aufgenommen, während die katholische Kirche sie erst im Zweiten Vatikanischen Konzil (1962–1965) festgeschrieben hat. So können sich beide „Organisationen" gegenseitig auf Schwachstellen und blinde Flecken hinweisen.

Die Werte der säkularen europäischen Gesellschaft stammen also weithin aus dem Judentum, Christentum, der griechischen Philosophie und der Aufklärung. Sie sind durch ihre Säkularisierung zum Teil vom Christentum abgekoppelt und dadurch universal gültig geworden. Bestes Beispiel dafür ist die Menschenwürde und die daraus abgeleiteten Menschenrechte. Diese Form der Säkularisierung ist zu begrüßen. Aber jene Form der Säkularisierung, die die Frage nach Gott gar nicht mehr stellt, steht in der Gefahr, den Menschen nicht mehr in seiner Ganzheit zu erfassen.

Hier muss gefragt werden, wie lange der Mensch dieses Ausblenden des Religiösen noch aushält und ob die Ethik allein ohne die spirituelle Anbindung den hohen ethischen Standard Europas aufrechterhalten kann. Auf Dauer wird es einer neuen vertieften Spiritualität bedürfen, die nicht vornehmlich über Sexualmoral diskutiert, sondern dem Menschen hilft, seinen innersten Wesenskern zu finden sowie Fragen nach dem Sinn seines Lebens, seiner Identität, Berufung, Wahrheit zu beantworten. Das Christentum selbst muss eine innere Revolution und Bekehrung durchmachen hin zu einer spirituellen Religion, die den Kern des Christentums ausmacht.

Der göttliche Geist kann inspirieren, be-geistern, Erkenntnis schaffen und Einsicht; er kann helfen, die Geister zu unterscheiden und so bessere Entscheidungen zu treffen im Privaten, Beruflichen, in der Wissenschaft, der Wirtschaft, der Politik, dem Staat. Wenn das Christentum für Europa überhaupt noch eine Bedeutung haben soll, dann muss es das Wirken dieses Geistes ernst nehmen und gerade jungen Menschen erklären, wozu es gut ist, was es im Kern aussagt und was es für den Alltag „bringt".

Die im christlichen Gottesbild angelegte Einheit in Verschiedenheit ist auch ein Modell für Europa. Die Vielheit der Verschiedenheit kann aber nicht von außen nach innen additiv zusammengefügt werden, sondern muss von innen, aus einem gemeinsamen Geist heraus, wachsen. Es ist der Geist, der die Einheit stiftet. Die Materie hat keine einheitsstiftende Kraft, sie ist Vielheit und Zerstreuung. Auch die Materie des Geldes und der Wirtschaft allein kann Europa nicht zusammenhalten. Ohne die Reflexion auf die der Vielheit vorausliegende Einheit des Geistes wird es auch politisch keine Einheit in Verschiedenheit in Europa geben. Es ist der eine Geist, der die Pluralität aus sich entlässt. Das Verhältnis von Einheit und Vielheit gilt es zu reflektieren. „Gegenüber der Einheit des Geistes ist die Materie ontologischer Ort der Vielheit."[58] Dies ist eine philosophisch-theologische Reflexion, die ins Politische übersetzt werden muss.

8. Christentum und Wirtschaft

Gerade in der heutigen Zeit kann das Christentum mit seinen zugrunde liegenden Werten Essenzielles zu Fragen der Wirtschaft sagen. Es wurde im Kapitel über die Bildung schon das Gleichnis von den Talenten erwähnt, dass der Mensch aus fünf Talenten zehn und aus zwei Talenten vier machen solle. Verurteilt wird der Mensch, der sein Talent vergräbt und keinen Gewinn daraus zieht. Er hätte es wenigstens auf die Bank bringen können (Mt 25,27), damit es Zinsen bringt (Mt 25, 14–30). Der Begriff „Talent" wurde oben für Gaben und Begabungen verwendet, hier nun für Geldstücke.

Der Mensch soll mit den Begabungen, die er mitbekommen hat, etwas unternehmen. Er soll neue Talente hinzugewinnen. Er darf auch im Bereich der Wirtschaft Neues hinzugewinnen. Als Einzelner und als Unternehmer darf er Gewinn machen. Schon Thomas von Aquin war der Meinung, dass es gut ist, dem Menschen Eigentum zu geben, weil er sich dann darum kümmern würde. Wenn allen alles gehört oder niemandem etwas, wird sich keiner verantwortlich fühlen. Wirtschaft soll innovativ sein, Neues entdecken, sie hat aber auch eine soziale Verantwortung. Das Konzept der sozialen Marktwirtschaft versucht diesen Anspruch zu erfüllen. Wirtschaft soll wachsen, aber nicht zum reinen Eigennutz, sondern zum Nutzen aller. Bei Krebserkrankungen führt ungeordnetes Wachstum zum Untergang des Organismus – so scheint es auch in der Wirtschaft zu sein. Dies hat die letzte Finanz- und Wirtschaftskrise gezeigt. Wirtschaft braucht also Ordnung. Die Ordnungsrahmen im Einzelnen muss die Wirtschaft zusammen mit der Politik bestimmen. Hier haben die Tugenden des Maßes, der Gerechtigkeit und der Klugheit ihren Platz. Daher bedarf es einer Ausbildung der Wirtschaftler in Wirtschaftsethik an den Schulen und Universitäten, in den Banken und Unternehmen. Es gilt, über Grundfragen des Menschseins im Kontext des Wirtschaftens nachzudenken, über eine „Ontologie der Arbeit" („Arbeit" kommt von *arvum* – Ackerboden), wie sie strukturiert wird, was gerechte Löhne sind, was Verantwortung und Korruptionsvermeidung. Themen gibt es genügend.

Im Zusammenhang mit Fragen einer Neuausrichtung der Wirtschaftswissenschaften hat auch der Philosoph und Wirtschaftsethiker Professor Claus Dierksmeier (geb. 1971) gefordert, „moralische Prinzipien wieder ins Zentrum ökonomischen Denkens zu rücken".[59] Wirtschaftsethik dürfe nicht etwas Zusätzliches sein, sondern müsse aus der Mitte einer ganzheitlichen Wirtschaftstheorie entwickelt werden. Ein solches Denken müsse sich auch in der akademischen Lehre der Wirtschaftswissenschaften widerspiegeln.[60] Als Folge der Umbrüche seit der Weltwirtschaftskrise 2008 stellten auch Studierende der Wirtschaftswissenschaften Inhalte ihres Studiums mehr und mehr infrage und forderten eine Reform der Lehre zu mehr Pluralität, um einen Beitrag zur Transformation der Gesellschaft im Hinblick auf moralische, soziale und ökologische Nachhaltigkeit leisten zu können.

Dierksmeier betont weiter, dass die Betrachtung des Wesens sowie der Werte des Menschen für mehr als zweitausend Jahre im Zentrum des wirtschaftlichen Denkens stand. Dieses habe bis zum Ende des 18. Jahrhunderts immer metaphysische, theologische und moralische Reflexionen enthalten. Ohne Moral funktioniere kein Markt. Wirtschaftswissenschaft dürfe nicht mechanistisch vorgehen, sondern müsse den Menschen im Zentrum sehen. Gewissen und Gewinn, Moral und Markt seien miteinander zu vereinbaren.[61]

So trägt jeder Mitverantwortung für das Gelingen des Ganzen. Werte wie Subsidiarität und Solidarität müssen reaktiviert werden. Wirtschaft sollte dem Menschen zugutekommen und nicht Selbstzweck sein. Tugenden wie Klugheit, Gerechtigkeit, Tapferkeit, Maß sind gefragt, aber gerade im Bereich der Wirtschaft zeigt sich oft das Gegenteil: Gier, Maßlosigkeit, Neid, Eifersucht, innere Leere, Verlust an Spannkraft. Sie wurden in der Tradition als „Laster" und später als „Wurzelsünden" bezeichnet, da aus ihnen alle andere Sünden hervorgehen. Sie fügen Menschen und Gesellschaften schweren Schaden zu. Je mehr Leere im Menschen Platz greift, desto mehr wird diese Leere mit anderen „Werten" wie Geld, Position, Einfluss, Macht „gefüllt".

Wenn der Blick für die Transzendenz verloren geht, bleibt oft nur noch dieses begrenzte irdische Leben, aus dem der Mensch alles herausholen will. Geld ist dann das Einzige, was den Menschen „reich" macht, es kann aber die innere Armut auf Dauer nicht kompensieren. „Er war so arm, dass er nur Geld hatte", ist ein altes Sprichwort.

Wenn allerdings ein ganzes Bildungssystem in Europa nur noch von wirtschaftlichen Interessen gesteuert wird und auch der „Bologna-Prozess" zur Neustrukturierung der Universitäten von der Wirtschaft betrieben wird unter Zurückdrängung ethischer, philosophischer und theologischer Überlegungen und der nahezu ausschließlichen Hinwendung zu dem, was wirtschaftlich etwas „bringt", ist es nur folgerichtig, wenn eine jüngere Generation nur noch in Kategorien der Wirtschaft denkt und der ganze Mensch dabei aus dem Blick gerät. Der Integrationsprozess Europas ist allein auf wirtschaftlicher Basis nicht zu leisten. Wenn es nur bei einer Wirtschaftsunion bleibt und nicht auch eine Werteunion geschaffen wird, die über ethische Fragen und eine „ganzheitliche" Anthropologie nachdenkt, wird Europa letztlich auseinanderfallen. Es muss klar sein, wozu der Mensch das tut, was er tut, wozu er wirtschaftet, was der Sinn der Wirtschaft und des eigenen Lebens ist. Auf Dauer kann weder der einzelne Mensch noch die Wirtschaft ohne die Reflexion dieser existenziellen Fragen auskommen.

Ohne eine solch mehrdimensionale Bildung werden die großen Probleme, die sich jetzt im Zusammenhang mit der Integration Europas zeigen, nicht mehr gelöst werden können. Es bedarf einer enormen Anstrengung, um das geistig-geistlich erschöpfte Europa neu an seine Wurzeln heranzuführen. Das Problem der inneren Abkoppelung des Menschen von seinem letzten Grund wird auch der Wirtschaft auf Dauer schaden. So gibt es verschiedenartige „Entkoppelungen", die nicht zum Heil der Menschen und der Wirtschaft beitragen. Hier könnten Philosophie und Theologie aus ihrem christlichen Menschen- und Gottesbild positive Anregungen geben und inspirieren für ein Weiterdenken über die Grundstrukturen der Welt. Denn auch die Armen und Benachteiligten müssen integriert bleiben. Auf das Gleichnis von den Talenten folgt jenes vom Endgericht: „Ich war hungrig, und ihr habt mir zu essen gegeben; ich war durstig, und ihr habt mir zu trinken gegeben; ich war fremd und obdachlos, und ihr habt mich aufgenommen; ich war nackt, und ihr habt mir Kleidung gegeben; ich war krank, und ihr habt mich besucht; ich war im Gefängnis, und ihr seid zu mir gekommen" (Mt 25, 35-36). „Was ihr für einen meiner geringsten Brüder getan habt, das habt ihr mir getan" (Mt 25,40). Es ist die Verlagerung vom Geist zur Materie bis hin zum reinen Materialismus und Kapitalismus, welche eine große Gefahr für den Menschen, für Europa und letztlich die ganze Welt darstellt.

9. Christentum und interreligiöser Dialog

Zum Schluss soll auf die Ausgangsfrage zurückgekommen werden. Wie gehen wir mit den vielen „Kulturen" in Europa, mit säkularen Staaten und „existenziell indifferenten"[62] Bürgern um? Wie steht es um ein verdunstendes Christentum und seine Beziehung zum Islam. Muslime hinterfragen unsere Art zu leben. Sie wollen wissen, wer wir Christen sind. Können wir Auskunft geben?

Das Christentum musste sich von Anfang an mit Fragen verschiedener Traditionen auseinandersetzen: Es ist hervorgegangen aus dem Judentum, wurde konfrontiert mit dem Römischen Reich und der griechischen Philosophie. Christen wurden dreihundert Jahre lang verfolgt und entwickelten diverse Überlebensstrategien. Ein Paradebeispiel für diese Vieldimensionalität ist Paulus. Er war Jude, der als Pharisäer die Christen verfolgte und bei der Steinigung des Stephanus dabei war. Er durchlebte eine Bekehrung und wurde Christ. Als gebildeter römischer Bürger sprach er Griechisch. Daher konnte er mit Griechen über ihre Gottesbilder diskutieren. Er fand eine Inschrift mit dem Titel *Einem Unbekannten Gott* und sagte: „Was ihr verehrt, ohne es zu kennen, das verkünde ich euch" (Apg 17,23). So wurde er allen alles: In Syrien geboren, war er Jude, Christ, Römer, „Grieche" und konnte diese Vielfalt in seiner Person integrieren.

So war das Christentum von Anfang an auf Integration ausgerichtet. Zudem hat es aufgrund seines dialogischen Gottesbildes geradezu einen Auftrag zum Dialog: mit den Juden als seinen Wurzeln und später mit anderen Religionen wie dem Islam sowie verschiedenen Philosophien wie der Aufklärung, dem Deutschen Idealismus, Marxismus, Atheismus und der Religionskritik. So sollten heute vor allem im Gespräch mit dem Islam die zentralen Fragen nach den verschiedenen Menschen- und Gottesbildern diskutiert werden. Es gilt das Gemeinsame herauszuarbeiten, aber auch das Unterscheidende zu benennen. Dabei muss es um einen Dialog auf Augenhöhe gehen, der den jeweils anderen respektiert. Es muss – wie Jürgen Habermas es formulieren würde – um einen herrschaftsfreien Diskurs gehen, in dem jeder den jeweils anderen besser verstehen will.

Diskutiert werden sollten zum Beispiel jene Fragen, ob Gott ein ferner Gott ist, von dem man nicht viel weiß und dem man sich blind unterwerfen muss, oder ob der Einzelne in sich das Göttliche entdecken und „verstehen" lernen kann? Aus christlicher Sicht geht es um die Frage des einen Gottes in der Vielheit seiner Erscheinungsformen, um Dialog, das Problem der Mitteilung Gottes an die Welt und die Frage, was heilige Schriften sind. Dann müssen Menschenbilder diskutiert werden mit Fragen der Menschwürde, der Gleichberechtigung von Mann und Frau, Fragen der Liebe, Feindesliebe und Überwindung der Rache. Schließlich geht es um politische Themen wie der Trennung von Kirche und Staat sowie der Demokratiefähigkeit von Religion.

Das vorliegende Buch hat versucht, einige Fragen für das Christentum zu beantworten. Es könnte eine Vorlage sein für den interreligiösen Dialog. Andere Religionen sind eingeladen, ihre Positionen darzulegen und in einen argumentativen Prozess einzutreten. Dieser führt zu einem vernunftgeleiteten Dialog. Das Christentum sollte jedenfalls nicht einem religiösen System dienen, sondern dem Menschen. Ob andere Religionen das auch so sehen, wird die Diskussion der Zukunft zeigen.

RESÜMEE

Ausgangspunkt der Diskussion war das vielfach erschütterte Europa. Es wurde die Werteentwicklung Europas aufgezeigt und die Frage gestellt, was das Christentum damit zu tun hat. Es wurde dargelegt, wie es sich aus dem Judentum entwickelt hat und die äußere Befreiung des Volkes Israel in die innere Befreiung jedes einzelnen Menschen im Christentum übergegangen ist. Das Christentum ist eine Religion, die den Menschen in seiner Anbindung an Gott zu sich selbst hin befreien will.

Was ist nun der Mehrwert des Christentums? Ein richtig vermittelter Zugang zu dieser Religion wird dem Menschen helfen, eine innere Stabilität zu erlangen, die ihm Eigenstand, Halt und Grundvertrauen ins Leben vermittelt. In einem solchen Zugang liegt die Fähigkeit zur Selbstliebe, Nächstenliebe und Feindesliebe mit der Überwindung des Rachegedankens. Die innere Anbindung an den letzten Seinsgrund führt zu tieferer Erkenntnis und Einsicht und bietet somit die Möglichkeit zur Entfaltung der eigenen gelungenen Biografie. Auch Leid und Krankheit können so in den größeren Kontext des Lebens integriert werden.

Die Lehre vom dreifaltigen Gott sagt etwas über das Beziehungsgeschehen des *einen* Gottes in sich selbst aus. Das göttliche Wort hat sich in der Person Jesu Christi inkarniert und ist Mensch geworden. Die Wahrheit des Christentums ist eine gottmenschliche Person und kein religiöses System. In dieser Person wirkt der göttliche Geist, der auch im Menschen und in den Sakramenten wirksam ist.

Das göttliche Beziehungsgeschehen in Liebe und Freiheit hat Auswirkungen auf die gesamte innerweltliche Freiheitsdebatte. In ihr geht es um die Hochschätzung der menschlichen Person als Individuum mit dem Gedanken der Menschenwürde und den Menschenrechten. Spuren dieses dialogischen Geschehens in Gott finden sich in der Polarität und im Pluralismus der Welt sowie in den naturwissenschaftlichen Erkenntnissen der Physik (Quantenphysik) und der Biologie (Genetik/Epigenetik). Der eine göttliche Logos ist in allem auf je unterschiedliche Weise anwesend und wirksam.

Der Gott, den die Christen verehren, hat zu jedem einzelnen Menschen eine ganz individuelle und intime Beziehung. Wer sich dieser Beziehung öffnet und es wagt, sich dem Wirken des Heiligen Geistes anzuvertrauen, wird die befreiende Leuchtkraft des Christentums für sein Leben entdecken.

Anmerkungen

1 Vgl. Johann Wolfgang von Goethe, Faust. Der Tragödie erster Teil (I, Nacht).

2 Vgl. Dalai Lama, Ethik ist wichtiger als Religion, hrsg. v. Franz Alt, Salzburg 2015.

3 Ethik entdecken durch Philosophie – bereits in der Grundschule – ist ein neues Programm in manchen deutschen Schulen. Vgl. dazu: Eva Marsal (Hrsg.), Ethik entdecken mit Philo, Unterrichtswerk für Grundschulen, 2 Bände, Bamberg 2014.

4 Vgl. dazu die Grundlagen der „Projektionstheorie"; unter anderem vertreten durch den deutschen Philosophen und Anthropologen Ludwig Feuerbach (1804–1872).

5 Johann Wolfgang von Goethe, Faust. Der Tragödie erster Teil (Kap. 7).

6 Blaise Pascal, Pensées, Fragment 434.

7 Vgl. Johann Wolfgang von Goethe, Torquato Tasso (Leonore I,2).

8 Der Satz geht wohl zurück auf Äsops Fabel 45.

9 Ignatius von Loyola, Die Exerzitien, übertragen von Hans Urs von Balthasar, Einsiedeln ^{6}1979, Nr. 186. Zitiert im Folgenden als „Exerzitienbuch" (EB).

10 Thomas von Aquin, Kommentar zum Matthäus-Evangelium (Mt 5,7).

11 Manche moderne Hirnphysiologen leugnen den freien Willen, weil der Mensch abhängig sei von Potenzialschwankungen im Gehirn. Vgl. dazu Matthias Beck, Der Krebs und die Seele, Gen – Geist – Gehirn – Gott, Paderborn ^{2}2010, S. 68 ff. Die Diskussion ist mittlerweile etwas abgeflaut.

12 Larry Siedentop, Die Erfindung des Individuums. Der Liberalismus und die westliche Welt, Stuttgart ^{2}2016, S. 67.

13 Immanuel Kant, Kritik der reinen Vernunft, Grundlegung zur Metaphysik der Sitten. In: Immanuel Kant, Werke in zwölf Bänden, hrsg. von Wilhelm Weischedel, Band VII, Frankfurt am Main 1974, BA 78.

14 Ebd., BA 66.

15 Ebd., BA 67.

16 Vgl. dazu: „Grundgesetz für die Bundesrepublik Deutschland“ auf der Homepage des Deutschen Bundestags (https://www.bundestag.de/bundestag/aufgaben/rechtsgrundlagen/grundgesetz/gg/245216), abgerufen am 3.8.2016.

17 Dietrich Bonhoeffer, Akt und Sein. Transzendentalphilosophie und Ontologie in der systematischen Theologie, München 1956, S. 94.

18 Vgl. Hermann Hesses philosophisches Gedicht „Stufen“ aus dem Jahr 1941.

19 Vgl. dazu verschiedene Artikel aus: Thomas Gertler (Hrsg.), Zur größeren Ehre Gottes: Ignatius von Loyola neu entdeckt für die Theologie der Gegenwart, Freiburg i. Br. – Wien 2006.

20 Das Folgende ist eigenständig interpretiert vom Verfasser. Ignatius spricht nur sehr allgemein im Kontext der Sündenbetrachtung davon, dass der Mensch angehalten wird, „den Ort und das Haus zu betrachten, wo ich gewohnt habe; zweitens den Umgang, den ich mit andern gepflogen habe“ (EB 56). Aber aus dem Sinn der Exerzitien, sich selbst und seine emotionalen Bewegtheiten besser kennenzulernen, kann man das hier Beschriebene herauslesen.

21 Das ist auch eine Beschreibung des Gebets vom Dalai Lama: achtgeben auf das, was in mir vorgeht.

22 Karl Rahner, Die Logik der existenziellen Erkenntnis bei Ignatius von Loyola, in: Ders., Das Dynamische in der Kirche (QD 5), Freiburg i. Br. 1958, S. 74–147, hier S. 105 f.

23 Vgl. Meister Eckhart, Rede der Unterscheidungen; zitiert in: Udo Kern, Gottes Sein ist mein Leben, Philosophische Brocken bei Meister Eckart, Berlin – New York 2003, S. 230.

24 Vgl. Eberhard Schockenhoff, Theologie der Freiheit, Freiburg – Basel – Wien 2007, S. 105ff.

25 Augustinus, Confessiones IV, 4,9.

26 Vgl. dazu auch: Matthias Beck, Glauben – wie geht das? Wege zur Fülle des Lebens, Wien – Graz – Klagenfurt 2013, S. 174 ff.

27 Obwohl weit verbreitet, ist die genaue Quellenangabe bei Ignatius nicht eruierbar.

28 Søren Kierkegaard, Die Krankheit zum Tode. Eine christliche psycho-

logische Entwicklung zur Erbauung und Erweckung von Anti-Climacus (1849), hrsg. v. Lieselotte Richter, Frankfurt a. M. [2]1986, S. 79.

29 Ebd., S. 77.

30 Ebd., S. 51.

31 Gisbert Greshake, Der dreieine Gott. Eine trinitarische Theologie, Freiburg – Basel – Wien [3]1997, S. 339.

32 Die Schriften des Neuen Testamentes sind zwischen den Jahren 50 n. Chr. und 120 n. Chr. abgefasst worden, das Markusevangelium um das Jahr 70 n. Chr., das Matthäusevangelium um das Jahr 80 n. Chr., das Lukasevangelium, das auf Markus und eine mit Matthäus gemeinsame Sammlung von Jesusworten zurückgreift, zwischen den Jahren 80 bis 90 n. Chr. Das Johannesevangelium hat seine letzte Form erst Anfang des ersten Jahrhunderts gefunden. Die Paulusbriefe sind früher zu datieren, aber Paulus hat Jesus nie in seiner irdischen Existenz getroffen.

33 Vgl. Gisbert Greshake, Der Preis der Liebe, Besinnung über das Leid, Freiburg i. Br. 1992.

34 Es werden hier die sieben Sakramente der katholischen Tradition dargestellt. Die protestantische Kirche hat nur noch zwei davon und die Orthodoxie ebenfalls sieben.

35 Aus dem „Abendlied" von Matthias Claudius, eines der bekanntesten Gedichte der deutschen Literatur (1779).

36 Was das bedeutet, wird im Abschnitt über Christentum und Medizin genauer erläutert.

37 Selbst die Sintflut und der Durchzug durch das Rote Meer als *die* Rettungs- und Befreiungstat Jahwes an seinem Volk ist ein Bild für die Taufe, die zentral mit äußerer und innerer Befreiung zu tun hat.

38 Vgl. Beck, Glauben – wie geht das?, S. 147 ff.

39 Vgl. zum Problem der Sünde als Verweigerung von *Communio* aufgrund des insichgekrümmten Herzens: Greshake, Der dreieine Gott, S. 326 ff.

40 Karl Rahner, Schriften zur Theologie I-XII, Einsiedeln – Zürich – Köln 1954–1972, hier Schriften II, S. 243.

41 So die Tauffformel der katholischen Kirche.

42 Vgl. dazu: Johannes Tauler, Predigten. Vollständige Ausgabe über-

tragen und hrsg. v. G. Hofmann, Freiburg 1961, S. 163 f. (19. Predigt); Ignaz Weilner, Johannes Taulers Bekehrungsweg. Die Erfahrungsgrundlagen seiner Mystik, Regensburg 1961, vor allem S. 165 ff.; Anselm Grün, Lebensmitte als geistliche Aufgabe, Münsterschwarzach [13]2001.

43 Vgl. Michael Schneider, Unterscheidung der Geister. Die ignatianischen Exerzitien in der Deutung von Erich Przywara, Karl Rahner und Gaston Fessard (= Innsbrucker Theologische Studien), Innsbruck – Wien [2]1987.

44 Joachim Bauer, Das Gedächtnis des Körpers. Wie Beziehungen und Lebensstile unsere Gene steuern, Frankfurt a. M. 2002, S. 136.

45 Ebd., S. 143 f.

46 Vgl. Rainer Riemann, Neue Erklärungen für menschliches Verhalten, in: *Spektrum der Wissenschaft SPEZIAL. Biologie – Medizin – Hirnforschung* 2/2013, S. 6–10.

47 Vgl. Eric J. Nestler: Verborgene Schalter im Gehirn, in: *Spektrum der Wissenschaft SPEZIAL. Biologie – Medizin – Hirnforschung* 2/2013, S. 23–29.

48 Vgl. André Fischer: Die Epigenetik neuro-degenerativer Erkrankungen, *Spektrum der Wissenschaft SPEZIAL. Biologie – Medizin – Hirnforschung* 2/2013, S. 42–50.

49 Michael J. Shanahan/Jason Freeman: Vom Sozialverhalten zur DNA und zurück, in: *Spektrum der Wissenschaft SPEZIAL. Biologie – Medizin – Hirnforschung* 2/2013, S. 52–61.

50 G. Huether/St. Doering/U. Rüger/E. Rüther/G. Schüßler, Psychische Belastungen und neuronale Plastizität. Ein erweitertes Modell des Streßreaktionsprozesses für das Verhältnis zentralnervöser Anpassungsprozesse, in: U. Kropiunigg/A. Stacher, Ganzheitsmedizin und Psychoneuroimmunologie. Vierter Wiener Dialog, Wien 1997, S. 126–139, hier S. 126.

51 Vgl. Beck, Krebs und Seele.

52 Bauer, Gedächtnis des Körpers, S. 136.

53 Ignatius, EB 317.

54 Vgl. dazu: Joachim Müller Jung, „Unsere Seele braucht auch die Leere“. Bald wissen wir alles über Stress, nur wissen wenige, wie sie den

Folgen des Psychoterrors entrinnen. Ein Anti-Stress-Exkurs zwischen Medizin und ehrfürchtiger Geistigkeit, in *Frankfurter Allgemeine Zeitung* (Natur und Wissenschaft), Nr. 179, 3.8.2016, N1.

55 Vgl. dazu zum Beispiel Abdel-Hakim Ourghi, „Pädagogik der Unterwerfung. Blinder Gehorsam und unreflektierter Glaube“: Der Koranunterricht in den Moscheen gewöhnt die Kinder an patriarchale Strukturen und entfremdet sie ihrem westlichen Umfeld, in: *Frankfurter Allgemeine Zeitung* vom 19.5.2016.

56 Vgl. dazu Theo Kobusch, Die Entdeckung der Person. Metaphysik der Freiheit und modernes Menschenbild, Darmstadt [2]1997.

57 Die Religionsgemeinschaft der Muslime nennt sich natürlich nicht „Kirche“, aber es geht um eine verfasste Religionsgemeinschaft der Muslime.

58 Vgl. dazu: Matthias Beck, Seele und Krankheit. Psychosomatische Medizin und theologische Anthropologie, Paderborn [3]2003, S. 145.

59 Pressemitteilung der Eberhart-Karls-Universität Tübingen vom 13.7.2016, „Wirtschaftsethiker fordert mehr Moral im Ökonomiestudium“ (https://www.uni-tuebingen.de/uploads/media/16-07-13PM_Dierksmeier_Wirtschaftsethik.pdf), abgerufen am 2.8.2016.

60 Ebd.

61 Ebd.

62 Eine Formulierung von Prof. Dr. Tatjana Schnell bei den „Festspielen des Denkens“, Weimar 3. bis 6.10.2013. Vortragsthema: „Erfassung vom Sinn im Leben. Was empirische Sinnforschung uns lehrt.“

Literatur

Bauer, Joachim: Das Gedächtnis des Körpers. Wie Beziehungen und Lebensstile unsere Gene steuern, Frankfurt a. M. 2002

Beck, Matthias: Der Krebs und die Seele, Gen – Geist – Gehirn – Gott, Paderborn ²2010

Beck, Matthias: Glauben – wie geht das? Wege zur Fülle des Lebens, Wien – Graz – Klagenfurt 2013

Beck, Matthias: Seele und Krankheit, Psychosomatische Medizin und theologische Anthropologie, Paderborn ³2003

Bonhoeffer, Dietrich: Akt und Sein. Transzendentalphilosophie und Ontologie in der systematischen Theologie, München 1956

Dalai Lama: Ethik ist wichtiger als Religion, hrsg. von Franz Alt, Salzburg 2015

Dierksmeier, Claus: Reframing Economic Ethics. The Philosophical Foundations of Humanistic Management, London 2016

Fischer, André: Die Epigenetik neuro-degenerativer Erkrankungen, in: *Spektrum der Wissenschaft SPEZIAL. Biologie – Medizin – Hirnforschung* 2/2013, S. 42–50

Gertler, Thomas (Hrsg.): Zur größeren Ehre Gottes: Ignatius von Loyola neu entdeckt für die Theologie der Gegenwart, Freiburg i. Br. – Wien 2006

Greshake, Gisbert: Der dreieine Gott. Eine trinitarische Theologie, Freiburg – Basel – Wien ³1997

Greshake, Gisbert: Der Preis der Liebe, Besinnung über das Leid, Freiburg i. Br. 1992

Grün, Anselm: Lebensmitte als geistliche Aufgabe, Münsterschwarzach ¹³2001

Huether, Gerald/Doering, Stephan/Rüger, Ulrich/Rüther, Eckart/Schüßler, Gerhard, Psychische Belastungen und neuronale

Plastizität. Ein erweitertes Modell des Streßreaktionsprozesses für das Verhältnis zentralnervöser Anpassungsprozesse, in: Kropiunigg, Ulrich/Stacher, Alois, Ganzheitsmedizin und Psycho-Neuroimmunologie. Vierter Wiener Dialog, Wien 1997

Kant, Immanuel: Kritik der reinen Vernunft, Grundlegung zur Metaphysik der Sitten. In: Kant, Immanuel: Werke in zwölf Bänden, hrsg. von Wilhelm Weischedel, Band VII, Frankfurt am Main 1974

Kern, Udo: Gottes Sein ist mein Leben, Philosophische Brocken bei Meister Eckart, Berlin – New York 2003

Kierkegaard, Søren: Die Krankheit zum Tode. Eine christliche psychologische Entwicklung zur Erbauung und Erweckung von Anti-Climacus (1849), hrsg. von Lieselotte Richter, Frankfurt a. M. ²1986

Kobusch, Theo: Die Entdeckung der Person. Metaphysik der Freiheit und modernes Menschenbild, Darmstadt ²1997

Loyola, Ignatius von: Die Exerzitien, übertragen von Hans Urs von Balthasar, Einsiedeln ⁶1979

Marsal, Eva (Hrsg.): Ethik entdecken mit Philo. Unterrichtswerk für Grundschulen, 2 Bände, Bamberg 2014

Müller Jung, Joachim: „Unsere Seele braucht auch die Leere." Bald wissen wir alles über Stress, nur wissen wenige, wie sie den Folgen des Psychoterrors entrinnen. Ein Anti-Stress-Exkurs zwischen Medizin und ehrfürchtiger Geistigkeit, in: *Frankfurter Allgemeine Zeitung* (Natur und Wissenschaft), Nr. 179, 3. 8. 2016, N1

Nestler, Eric J.: Verborgene Schalter im Gehirn, in: *Spektrum der Wissenschaft SPEZIAL. Biologie – Medizin – Hirnforschung* 2/2013, S. 23–29

Rahner, Karl: Die Logik der existentiellen Erkenntnis bei Ignatius von Loyola, in: Ders., Das Dynamische in der Kirche (QD 5), Freiburg i. Br. 1958

Rahner, Karl: Schriften zur Theologie I–XII, Einsiedeln – Zürich – Köln 1954–1972

Riemann, Rainer: Neue Erklärungen für menschliches Verhalten, in: *Spektrum der Wissenschaft SPEZIAL. Biologie – Medizin – Hirnforschung* 2/2013, S. 6–10

Schneider, Michael: Unterscheidung der Geister. Die ignatianischen Exerzitien in der Deutung von Erich Przywara, Karl Rahner und Gaston Fessard (= Innsbrucker Theologische Studien), Innsbruck – Wien [2]1987

Schrockenhoff, Eberhard: Theologie der Freiheit, Freiburg – Basel – Wien 2007

Shanahan, Michael J./Freeman, Jason: Vom Sozialverhalten zur DNA und zurück, in: *Spektrum der Wissenschaft SPEZIAL. Biologie – Medizin – Hirnforschung* 2/2013, S. 52–61

Siedentop, Larry: Die Erfindung des Individuums. Der Liberalismus und die westliche Welt, Stuttgart [2]2016

Tauler, Johannes: Predigten. Vollständige Ausgabe übertrag. und hrsg. v. G. Hofmann, Freiburg i. Br. 1961

Weilner, Ignaz: Johannes Taulers Bekehrungsweg. Die Erfahrungsgrundlagen seiner Mystik, Regensburg 1961

Online

„Grundgesetz für die Bundesrepublik Deutschland“ auf der Homepage des Deutschen Bundestags (https://www.bundestag.de/bundestag/aufgaben/rechtsgrundlagen/grundgesetz/gg/245216), abgerufen im August 2016

Pressemitteilung der Eberhart-Karls-Universität Tübingen vom 13.7.2016: „Wirtschaftsethiker fordert mehr Moral im Ökonomiestudium“ (https://www.uni-tuebingen.de/uploads/media/16-07-13PM_Dierksmeier_Wirtschaftsethik.pdf), abgerufen im August 2016

Wie geht Leben? Eine triviale Frage. Dennoch haben Menschen aller Zeiten nach der Antwort gesucht.
Gibt es eine Anleitung zum Leben? Kann man leben lernen, üben, Orientierung finden? Körperliche und seelische Krankheit und Gesundheit sind wesentlich von sogenannten epigenetischen Faktoren abhängig: vom Innenleben des Menschen, vom Denken und Fühlen, von der Umwelt.
Die Selbstverantwortung des Einzelnen nimmt zu. Leben hat mit psychischen Reifungsprozessen zu tun, mit Sinnfragen und der Suche nach dem letzten Grund. Matthias Beck arbeitet die existenzielle, lebensentscheidende Dimension des Religiösen heraus.

Auch als E-Book erhältlich

Matthias Beck
LEBEN – Wie geht das?
Die Bedeutung der spirituellen Dimension an den Wendepunkten des Lebens

264 Seiten; Broschur
€ 15,– · ISBN 978-3-222-13500-2

styria premium

ISBN 978-3-222-13542-2

in der Verlagsgruppe Styria GmbH & Co KG
Wien · Graz · Klagenfurt

Bücher aus der Verlagsgruppe Styria
gibt es in jeder Buchhandlung und im
Online-Shop

styriabooks.at

LEKTORAT: Elisabeth Wagner
UMSCHLAGGESTALTUNG: Maria Schuster
UMSCHLAGFOTO: istockphoto.com/digitalStorm

DRUCK UND BINDUNG:
Finidr
7 6 5 4 3 2 1
Printed in the EU